春风化雨润桃李
匠心独运铸师魂

新时代初中教师专业化发展路径探索

刘君 著

中国书法出版传媒有限责任公司
书法出版社·北京

图书在版编目（CIP）数据

春风化雨润桃李　匠心独运铸师魂 ：新时代初中教师专业化发展路径探索 / 刘君著 . -- 北京：书法出版社有限公司，2024. -- ISBN 978-7-5172-0613-2

Ⅰ . G635.12

中国国家版本馆 CIP 数据核字第 2024KN6538 号

书　　名　春风化雨润桃李　匠心独运铸师魂 ：新时代初中教师专业化发展路径探索
著　　者　刘　君
责任编辑　臧蔚彤
装帧设计　王秀丽
责任印制　樊碧博
出版发行　书法出版社有限公司　发行部电话 010-65066428
地　　址　北京市朝阳区农展馆南里 10 号　邮编 100125
经　　销　新华书店
印　　刷　唐山楠萍印务有限公司
开　　本　787 毫米 ×1092 毫米 1/16
印　　张　13
字　　数　183 千
版　　权　2024 年 8 月第 1 版　2024 年 9 月第 1 次印刷
定　　价　56.00 元

前言

随着新时代的到来，我国教育事业面临着前所未有的机遇与挑战。在这一背景下，教师专业化发展被赋予了新的内涵与使命，特别是初中教师的专业化发展，成为提升教育质量和学生全面发展的关键因素。初中阶段是学生成长的关键时期，教师不仅是知识的传授者，更是学生人生观、价值观和世界观的塑造者。因此，探讨初中教师的专业化发展具有重要的现实意义和深远的历史意义。

本书旨在系统探讨新时代背景下初中教师专业化发展的各个方面，涵盖理论基础、现状分析、教育理念更新、教学创新、专业素养提升、队伍结构优化、教育技术融合、区域发展不均衡解决策略、职业幸福感提升、职业倦怠应对以及培训体系的构建与完善。通过理论与实践相结合的方式，为初中教师的专业化发展提供全面的指导和参考。

首先，探讨初中教师专业化发展的理论基础，包括概念与内涵的界定、教育理念与教师专业化发展的关系，以及其与教育质量的关系。这部分内容为后续的研究奠定了理论基础。

其次，通过对初中教师专业化发展的现状进行分析，揭示当前初中教师在专业素养、队伍结构、区域发展不均衡等方面的具体情况。通过现状分析，找出存在的问题和瓶颈，为提出解决方案提供依据。针对区域教育发展不均衡的问题，本书提出了一系列解决策略，包括资源配置优化、经济欠发达地区教师的支持措施、城乡教师交流与合作机制、政府政策支持与资金投入等，旨在促进教育公平与均衡发展。

在教育理念和教学创新方面，本书深入探讨新时代教育理念的深化与实践，素质教育与创新教育的实施，以及项目式学习与翻转课堂的应用。通过对以学生为中心的教学模式构建的研究，提出了教育理念更新过程中面临的问题及其对策。教师专业素养的提升与教育基础的夯实，是初中教师专业化发展的重要环节。本书从专业知识结构的完善、学术研究与课题实践的参与、教学技能与课堂管理能力的提升、心理素质与职业道德的培养等方面，提出了一系列提升教师专业素养的培训与实践策略。

初中教师队伍结构的优化与发展路径，是确保教师专业化发展的关键。本书探讨了年轻教师的培养与扶持策略、科学合理的教师评价体系建立、教师队伍的梯队建设与管理、教师职业生涯发展规划与支持，并提出了优化教师队伍结构的政策建议。初中教师的职业幸福感提升与职业倦怠应对，是教师专业化发展的重要组成部分。本书探讨了影响教师职业幸福感的因素、职业倦怠的识别与预防策略、心理支持与辅导机制建设、良好工作环境的创造以及提升职业幸福感的具体措施。

教育技术的融合与应用，是新时代教师专业化发展的重要内容。本书分析了现代信息技术、大数据与人工智能在教育中的应用，探索了智慧课堂与虚拟现实技术的前景，并提出了教育技术与学科教学深度融合的路径和教师技能提升的培训方案。

最后，关于初中教师培训体系的构建与完善，本书从培训需求的调研与分析、科学规划培训内容与目标、多样化的培训模式设计、培训效果的评估与反馈机制等方面，提出了系统的解决方案，旨在构建科学、有效的教师培训体系。

目 录

第一章 新时代初中教师专业化发展的理论基础

第一节 初中教师专业化发展的概念与内涵

初中教师专业化发展是指在新时代教育背景下，初中教师通过系统的教育和实践，不断提升自己的专业知识、教学技能和职业素养，以更好地适应教育改革和学生发展的需求。初中教师专业化发展的概念与内涵可以从以下几个方面进行详细探讨。

一、初中教师专业化发展的概念

初中教师专业化发展是指教师在职业生涯中，通过持续的学习、实践和反思，不断提升其专业知识、教学能力、教育素养和职业道德，最终实现个人与职业的共同成长和发展。这一过程不仅包括教师在职前培训阶段所获得的基础教育知识和技能，还涵盖了教师在职业生涯中的持续专业发展，包括在职培训、继续教育、教学实践、教育科研等方面的综合提升。

1. 专业知识的系统化

初中教师专业化发展首先强调专业知识的系统化。这不仅包括学科知识的深度理解和掌握，还包括教育学、心理学、教学法等方面的理论知识。教师需要具备扎实的专业基础，以应对不同教学情境中的复杂问题。

2. 教学技能的精细化

教学技能的精细化是初中教师专业化发展的核心。教师需要掌握现代化的教学方法和手段，能够根据学生的具体情况进行有效的教学设计、课堂管理和教学评价。精细化的教学技能不仅体现在课堂教学中，还体现在课外辅导、作业设计、学生评估等各个环节。

3. 教育素养的提升

教育素养包括教师的职业道德、教育理念、文化修养等方面的综合素质。初中教师需要具备高尚的职业道德、科学的教育理念和丰富的文化修养，能够以身作则，成为学生的良师益友。

4. 职业发展路径的规划

初中教师专业化发展还包括职业发展路径的规划。教师应根据自身的兴趣和特长，制定科学合理的职业发展规划，不断提升自己的专业水平和职业地位。职业发展路径的规划有助于教师明确发展目标，激发职业热情，实现个人与职业的共同成长。

二、初中教师专业化发展的内涵

初中教师专业化发展的内涵丰富多样，既包括理论知识和技能的提升，也涵盖了教师职业道德和教育理念的塑造。具体来说，初中教师专业化发展的内涵主要包括以下几个方面：

1. 知识的更新与扩展

知识的更新与扩展是初中教师专业化发展的基础。随着教育理论和教学技术的不断发展，教师需要不断更新和扩展自己的知识储备，以适应新时代教育改革的需求。这不仅包括学科知识的更新，还包括教育理论、教学方法、教育技术等方面的更新。

2. 实践能力的提升

实践能力的提升是初中教师专业化发展的核心。教师需要在教学实践中不断总结经验，反思不足，提升教学能力。实践能力的提升不仅体现在课堂教学中，还体现在教育科研、教学管理、班级管理等方面。

3. 教育科研的参与

教育科研的参与是初中教师专业化发展的重要途径。通过参与教育科研，教师可以提升自己的研究能力，拓展自己的学术视野。教育科研的参与不仅有助于教师发现和解决教学中的实际问题，还能促进教师专业知识和技能的提升。

4. 职业道德的培养

职业道德的培养是初中教师专业化发展的重要内容。教师需要具备高尚的职业道德，能够以身作则，成为学生的良师益友。职业道德的培养不仅体现在教师的言行举止中，还体现在教师对待学生、家长和同事的态度上。

5. 教育理念的塑造

教育理念的塑造是初中教师专业化发展的关键。教师需要具备科学的教育理念，能够根据学生的具体情况因材施教。教育理念的塑造不仅包括对教育目标、教育方法的理解，还包括对教育价值观、教育哲学的认识。

6. 文化素养的提升

文化素养的提升是初中教师专业化发展的重要方面。教师需要具备丰富的文化素养，能够在教学中融入文化元素，提升学生的文化素养和人文素养。文化素养的提升不仅体现在教师的知识储备中，还体现在教师的言行举止和教学风格中。

7. 职业规划与发展

职业规划与发展是初中教师专业化发展的重要内容。教师需要根据自身的兴趣和特长，制定科学合理的职业发展规划，不断提升自己的专业水平和职业地位。职业规划与发展有助于教师明确发展目标，激发职业热情，实现个人与职业的共同成长。

三、总结

新时代初中教师专业化发展的概念与内涵是多层次、多维度的，包括专业知识的系统化、教学技能的精细化、教育素养的提升和职业发展路径的规划等方面。通过系统的教育和实践，初中教师可以不断提升自己的专业水平和职业素养，更好地适应教育改革和学生发展的需求。初中教师专业化发展不仅是个人职业生涯的重要内容，也是提升教育质量、培养高素质人才的关键环节。在新时代的教育背景下，初中教师专业化发展面临新的机遇和挑战，需要从理论和实践两个方面不断探索和创新，为教育事业的发展做出更大的贡献。

第二节 新时代教育理念与教师专业化发展

新时代教育理念是指在全球化和信息化背景下，以创新驱动、终身学习、全人发展为核心，强调教育公平、教育质量和教育现代化的综合教育观。这一理念不仅反映了当今社会对教育的需求和期望，也对教师专业化发展提出了新的要求和挑战。

一、新时代教育理念的核心要素

1. 创新驱动

创新是新时代教育理念的核心。创新驱动的教育理念强调培养学生的创新意识和创新能力，鼓励教师在教学过程中不断探索和应用新的教学方法和技术，推动教育教学模式的创新和变革。

2. 终身学习

终身学习是新时代教育理念的重要内容。现代社会发展迅速，知识更新周期不断缩短，终身学习已成为个人职业发展和社会进步的必然要求。教育不仅仅局限于学校阶段，而是贯穿人的一生。教师需要树立终身学习的理念，不断更新和扩展自己的知识和技能，以适应不断变化的教育环境和社会需求。

3. 全人发展

全人发展是新时代教育理念的基本目标。教育不仅要关注学生的学术成就，还要关注学生的道德品质、社会责任感、心理健康、审美能力等全面素质的培养。全人发展的教育理念要求教师在教学过程中关注学生的全面发展，培养学生的综合素质和能力。

4. 教育公平

教育公平是新时代教育理念的基本原则。教育公平不仅指教育资源的均衡配置，还包括教育机会的公平、公正、公开。新时代教育理念强调每一个学生都应该有公平接受教育的机会，教师在教学过程中应关注每一个学生的发展，特别是弱势群体和有特殊教育需求的学生。

5. 教育质量

教育质量是新时代教育理念的核心追求。高质量的教育不仅体现在学生的学业成绩上，还体现在学生的综合素质、创新能力、社会适应能力等方面。新时代教育理念强调通过优化教育资源、改进教学方法、完善评价体系等手段，不断提升教育质量。

6. 教育现代化

教育现代化是新时代教育理念的重要目标。教育现代化不仅包括教育技术的现代化，还包括教育观念、教育内容、教育方法、教育管理等方面的现代化。新时代教育理念强调利用现代信息技术手段，推动教育的智能化、数字化、网络化，提升教育的现代化水平。

二、教师专业化发展的重要性

教师专业化发展是新时代教育理念的重要组成部分，是实现教育创新、提升教育质量、促进学生全面发展的关键。教师专业化发展不仅关系到教师个人的职业成长，也关系到整个教育事业的发展和进步。

1. 提升教学质量

教师专业化发展有助于提升教学质量。通过不断学习和实践，教师可以掌握更多的教学方法和技术，提升自己的教学能力和水平，为学生提供高质量的教育服务。

2. 促进学生全面发展

教师专业化发展有助于促进学生的全面发展。专业化发展的教师不仅具备扎实的学科知识，还具备教育学、心理学等方面的知识，能够关注学生的个体差异，采取多样化的教学策略，促进学生在学术、道德、心理等方面的全面发展。

3. 适应教育改革需求

教师专业化发展有助于教师适应教育改革的需求。教育改革不断深化，新的教育理念、教育内容和教育方法层出不穷，教师需要通过专业化发展，不断更新自己的知识和技能，积极适应教育改革的要求。

4. 提升职业认同感和幸福感

教师专业化发展有助于提升教师的职业认同感和幸福感。通过专业化发展，教师可以获得更多的职业成就感和满足感，增强职业自信，提升职业幸福感。

三、新时代教育理念对教师专业化发展的要求

新时代教育理念对教师专业化发展提出了新的要求，教师需要在专业知识、教学技能、教育素养、职业道德等方面不断提升，以适应新时代教育发展的需要。

1. 专业知识的不断更新

新时代教育理念强调终身学习，要求教师不断更新和扩展自己的专业知识。教师不仅需要掌握学科知识，还需要了解教育学、心理学、信息技术等方面的知识，以适应多样化的教学需求。

2. 教学技能的不断提升

新时代教育理念强调创新驱动，要求教师不断提升自己的教学技能。教师需要掌握现代化的教学方法和手段，如项目式学习、翻转课堂、混合式教学等，能够根据学生的具体情况设计和实施有效的教学活动。

3. 教育素养的全面提升

新时代教育理念强调全人发展，要求教师全面提升自己的教育素养。教师需要具备高尚的职业道德、科学的教育理念、丰富的文化修养，能够以身作则，成为学生的良师益友。

4. 信息技术的有效应用

新时代教育理念强调教育现代化，要求教师能够有效运用信息技术进行教

学。教师需要掌握现代信息技术的应用技能，能够利用数字化资源、网络平台、在线工具等开展教学活动，提高教学效率和效果。

5. 教学反思与科研能力的培养

新时代教育理念强调教育质量，要求教师具备良好的教学反思和科研能力。教师需要在教学实践中不断反思，总结经验，提升教学水平。同时，教师还需要积极参与教育科研，提升自己的研究能力，为教育实践提供理论支持。

6. 教育公平意识的增强

新时代教育理念强调教育公平，要求教师具备教育公平意识。教师需要关注每一个学生的发展，特别是弱势群体和有特殊教育需求的学生，采取有效的教学策略，确保每一个学生都能够获得公平的教育机会。

四、教师专业化发展的路径与策略

1. 职前培训与职后继续教育的有机结合

教师专业化发展的路径应包括职前培训和职后继续教育。职前培训应注重教师基本素质和基础知识的培养，职后继续教育应注重教师专业知识和技能的更新与提升。通过职前培训和职后继续教育的有机结合，确保教师在职业生涯中的持续发展。

2. 多样化的专业发展活动

教师专业化发展应通过多样化的专业发展活动来实现，如学术讲座、工作坊、教学研究、专业学习共同体等。通过参与多样化的专业发展活动，教师可以不断提升自己的专业水平和职业素养。

3. 校本研修与外部培训的结合

教师专业化发展应结合校本研修和外部培训。校本研修注重教师在校内的专业发展，通过集体备课、教学反思、课堂观摩等活动，提升教师的教学能力和团队合作能力。外部培训注重教师在校外的专业发展，通过参加各类培训班、学术会议等，拓展教师的学术视野和专业知识。

4. 教学实践与教育科研的结合

教师专业化发展应注重教学实践与教育科研的结合。教师在教学实践中不断总结经验，反思不足，提升教学能力。同时，教师还应积极参与教育科研，提升自己的研究能力，通过科研成果的应用，推动教学实践的改进。

5. 个性化的职业发展规划

教师专业化发展应制定个性化的职业发展规划。根据教师的兴趣和特长，制定科学合理的职业发展目标和计划，通过持续的学习和实践，不断提升自己的专业水平和职业地位，实现个人与职业的共同成长。

6. 政策支持与激励机制的建立

教师专业化发展需要政策支持和激励机制的建立。教育主管部门应制定相关政策，提供必要的资源和支持，鼓励教师进行专业发展。同时，建立科学合理的激励机制，对在专业发展方面表现突出的教师给予表彰和奖励，提升教师的职业认同感和积极性。

新时代教育理念对教师专业化发展提出了新的要求，教师需要在专业知识、教学技能、教育素养、职业道德等方面不断提升，以适应新时代教育发展的需要。通过职前培训与职后继续教育的有机结合、多样化的专业发展活动、校本研修与外部培训的结合、教学实践与教育科研的结合、个性化的职业发展规划、政策支持与激励机制的建立，教师可以实现专业化发展，提升教学质量，促进学生的全面发展，为新时代教育事业的发展做出更大的贡献。

第三节 初中教师专业化发展的理论背景

初中教师专业化发展是教育改革和教师职业发展的重要议题。教师专业化发展不仅是教师自身成长的需求，更是提升教育质量、促进学生全面发展的关键。初中教师专业化发展的理论背景可以从以下几个方面进行详细探讨。

一、教师专业化发展的基本理论

1. 专业化理论

专业化理论认为，职业专业化是一个不断提升和完善的过程，包括知识的积累、技能的提升和态度的培养。教师作为专业人士，其专业化发展包括专业知识的深化、教学技能的提升、教育理念的更新和职业道德的培养。

2. 职业发展理论

职业发展理论强调，职业发展是一个动态的、持续的过程，涵盖职业生涯的不同阶段。教师专业化发展是其职业发展的重要组成部分，贯穿于职前教育、入职初期、职业中期和职业后期等不同阶段。

3. 终身学习理论

终身学习理论主张，现代社会的快速发展和知识更新速度加快，使得终身学习成为职业发展的必然要求。教师需要不断学习和更新知识，以适应教育环境的变化和学生发展的需求。

二、教育改革与教师专业化发展

1. 素质教育改革

素质教育改革强调学生的全面发展，包括德、智、体、美、劳等各方面素质的培养。教师作为教育的实施者，其专业化发展需要与素质教育的目标相一致，不仅要具备扎实的学科知识，还要具备综合教育能力，能够引导和促进学生的全面发展。

2. 课程改革

课程改革强调课程内容的更新、教学方法的改进和评价方式的多样化。教师专业化发展需要适应课程改革的要求，掌握新的课程理念和教学方法，提升课程实施和教学设计的能力。

3. 教育信息化

教育信息化是现代教育发展的重要趋势。教师专业化发展需要掌握现代信息技术，能够利用信息技术手段进行教学，提高教学效率和效果。教育信息化要求教师具备信息素养，能够在教学中灵活应用信息技术。

三、教师专业化发展的国际经验

1. 美国的教师专业化发展

美国的教师专业化发展强调教师的专业标准、认证制度和持续专业发展。教师需要通过严格的专业认证，参与持续的专业发展活动，提升专业能力。美国还设有专门的教师专业发展机构，如国家教师教育认证委员会（NCATE），为教师提供专业发展支持。

2. 芬兰的教师专业化发展

芬兰的教师专业化发展注重教师的高学历和高素质。教师需要具备硕士学位，并接受严格的专业培训。芬兰的教师专业发展强调教师的自主性和专业精神，教师有较大的自主权进行教学和研究。

3. 新加坡的教师专业化发展

新加坡的教师专业化发展强调教师的持续培训和职业发展。教师需要定期参加专业发展课程，提升专业能力。新加坡还设有专门的教师培训机构，如新加坡国家教育学院（NIE），为教师提供系统的培训和发展支持。

四、教师专业化发展的理论框架

1. 专业知识与技能

教师专业化发展的核心是专业知识与技能的提升。教师需要具备扎实的学科知识，掌握先进的教学方法和技术，能够根据学生的特点和需求进行有效的教学设计和实施。

2. 职业道德与教育理念

教师专业化发展还包括职业道德与教育理念的培养。教师需要具备高尚的职业道德，能够以身作则，为人师表。同时，教师需要树立科学的教育理念，关注学生的全面发展和个性化需求。

3. 反思与实践

反思与实践是教师专业化发展的重要途径。教师需要在教学实践中不断反思，总结经验，提升教学能力。通过持续的反思与实践，教师可以不断改进教学方法，提升专业水平。

4. 科研与创新

教师专业化发展需要注重科研与创新。教师需要参与教育科研，提升研究能力，通过科研成果的应用，推动教学实践的改进。科研与创新不仅有助于教师个人专业能力的提升，还能促进教育质量的整体提升。

5. 职业生涯规划与发展

教师专业化发展需要科学的职业生涯规划与发展。教师应根据自身的兴趣和特长，制定职业发展目标和计划，积极参与专业发展活动，不断提升自己的专业水平和职业地位。

五、教师专业化发展的政策支持

1. 国家政策支持

教师专业化发展需要国家政策的支持。教育主管部门应制定相关政策，为教师的专业发展提供制度保障和资源支持。通过制定教师专业标准、建立教师专业发展体系、提供专业发展经费等，推动教师专业化发展。

2. 学校管理支持

学校作为教师专业化发展的实施主体，应为教师提供良好的专业发展环境。学校应建立教师专业发展机制，鼓励和支持教师参与专业发展活动。通过提供培训机会、设立专业发展基金、开展校本研修等，促进教师专业化发展。

3. 社会支持

社会各界应关注和支持教师专业化发展。教育研究机构、教师培训机构、社会团体等应积极参与教师专业化发展工作，为教师提供专业发展资源和服务。通过多方合作，共同推动教师专业化发展。

初中教师专业化发展的理论背景涵盖了专业化理论、职业发展理论、终身学习理论等基本理论，素质教育改革、课程改革、教育信息化等教育改革的需求，以及美国、芬兰、新加坡等国家的国际经验。通过构建专业知识与技能、职业道德与教育理念、反思与实践、科研与创新、职业生涯规划与发展的理论框架，并结合国家政策、学校管理和社会支持，教师专业化发展将不断深化，为提升教育质量、促进学生全面发展提供坚实的理论基础和实践支持。

第四节 初中教师专业化与教育质量的关系

教师专业化发展是教育质量提升的关键因素，特别是在初中教育阶段，教师的专业化水平直接影响到教育的整体质量和学生的成长发展。以下从多个方面详细探讨初中教师专业化与教育质量之间的关系。

一、专业知识与教育质量

1. 学科知识的深度与广度

初中教师专业化发展的首要任务是提升学科知识的深度与广度。教师只有具备扎实的学科知识，才能准确地传授知识，解答学生的疑问，启发学生的思维。学科知识的深度使教师能够深入理解教材，设计有深度的教学活动；知识的广度则使教师能够跨学科联系，帮助学生建立知识的整体结构。

2. 教育学与心理学知识的应用

教师需要掌握教育学和心理学的基本原理，了解学生的认知发展和心理特征。这样，教师可以根据不同年龄段学生的特点，采用合适的教学方法和手段，提高教学的有效性。教育学和心理学知识的应用，使教师能够设计出符合学生发展规律的教学活动，提升教育质量。

二、教学技能与教育质量

1. 教学设计与课堂管理

教学设计是教学活动的核心环节，教师专业化发展要求教师具备科学的教学设计能力。教师需要根据教学目标和学生实际情况，设计出结构合理、内容丰富、形式多样的教学活动。同时，课堂管理能力是确保教学顺利进行的重要因素，教师需要掌握有效的课堂管理策略，营造良好的学习环境。

2. 教学方法与技术的创新

初中阶段的学生处于认知和心理发展的关键期，教师需要不断创新教学方法和技术，以激发学生的学习兴趣和主动性。项目式学习、探究式学习、合作学习等新型教学方法，能够有效提升学生的参与度和学习效果。教师专业化发展强调教学方法与技术的创新，从而提高教育质量。

三、教育理念与教育质量

1. 以学生为中心的教学理念

现代教育理念强调以学生为中心，关注学生的个体差异和个性发展。教师专业化发展要求教师树立以学生为中心的教育理念，关注每一个学生的发展需求，设计个性化的教学活动。这样的教育理念，有助于提升学生的学习体验和学习效果，从而提高教育质量。

2. 终身学习与全人发展的理念

教师专业化发展强调终身学习和全人发展的教育理念。终身学习理念要求教师不断更新知识和技能，以适应教育的不断变化和发展。全人发展理念要求教师关注学生的全面发展，包括学术、道德、社会、心理等各方面。这样的教育理念，有助于培养全面发展的学生，提升教育质量。

四、职业道德与教育质量

1. 高尚的职业道德

教师的职业道德是教育质量的重要保障。高尚的职业道德要求教师以学生为本，尊重学生的人格，关爱学生的成长。教师需要严格要求自己，以身作则，为学生树立良好的榜样。高尚的职业道德，有助于建立良好的师生关系，营造积极向上的教育氛围，提高教育质量。

2. 教育责任感与使命感

教师的教育责任感和使命感是推动教育质量提升的重要动力。教师需要具备强烈的教育责任感和使命感，认真对待每一堂课，关注每一个学生的发展。这样的责任感和使命感，有助于教师不断追求卓越，提升自己的专业水平，从而提高教育质量。

五、教育科研与教育质量

1. 教育科研能力的提升

教师专业化发展要求教师具备一定的教育科研能力。通过教育科研，教师可以发现和解决教学中的实际问题，提升教学效果。教育科研能力的提升，有助于教师不断改进教学方法和手段，创新教学模式，从而提高教育质量。

2. 科研成果的应用

教师在教育科研中的成果，需要应用到实际教学中。通过将科研成果转化为教学实践，教师可以提升教学的科学性和有效性。科研成果的应用，有助于教师在教学中不断探索和实践，提升教育质量。

六、培训与继续教育对教育质量的影响

1. 系统的教师培训

系统的教师培训是教师专业化发展的重要途径。通过参加各种形式的培训，教师可以提升自己的专业知识和教学技能。培训内容应包括学科知识更新、教学方法创新、教育技术应用等。系统的教师培训，有助于提升教师的整体素质，从而提高教育质量。

2. 继续教育的持续进行

继续教育是教师专业化发展的持续过程。教师需要不断参加继续教育活动，更新自己的知识和技能。通过继续教育，教师可以了解教育发展的最新动态，

掌握最新的教育理念和教学技术，从而提高教育质量。

七、教师评价与教育质量

1. 科学的教师评价体系

科学的教师评价体系是提升教师专业化水平和教育质量的重要手段。教师评价应包括教学效果、教育科研、职业道德等多个方面，采用多元化的评价方法，如自评、互评、学生评价等。科学的教师评价体系，有助于激励教师不断提升自己的专业水平，提高教育质量。

2. 反馈与改进机制

教师评价应包括反馈与改进机制。通过及时反馈评价结果，教师可以了解自己的优点和不足，明确改进方向。反馈与改进机制，有助于教师在不断反思和改进中提升自己的专业水平，提高教育质量。

初中教师专业化发展与教育质量密切相关。通过提升专业知识、创新教学方法、树立科学教育理念、遵守职业道德、参与教育科研、接受系统培训和继续教育，以及建立科学的教师评价体系，教师可以不断提升自己的专业化水平，从而提高教育质量。教师专业化发展是一个持续的、动态的过程，需要教育主管部门、学校和教师自身的共同努力。只有不断提升教师的专业化水平，才能实现教育质量的持续提升，为学生的全面发展和社会的进步做出更大的贡献。

第二章 初中教师专业化发展的现状

第一节 当前初中教师的专业素养状况

初中教师的专业素养是教师专业化发展的核心，也是提升教育质量的关键环节。当前，初中教师的专业素养状况在一定程度上反映了我国基础教育的发展水平和面临的挑战。通过对初中教师专业素养的现状分析，可以为教师专业化发展的策略制定提供有力依据。以下从专业知识、教学技能、教育理念、职业道德、教育科研能力等方面详细探讨当前初中教师的专业素养状况。

一、专业知识的现状

1. 学科知识的掌握情况

初中教师普遍具备一定的学科知识储备，但学科知识的深度和广度仍存在差异。一些教师能够较好地掌握教材内容，具备较强的学科知识背景，能够深入讲解学科概念。然而，部分教师在应对教材以外的问题时显得力不从心，学科知识的拓展和更新不足。

2. 跨学科知识的融合

随着素质教育和跨学科教学理念的推广，初中教师需要掌握一定的跨学科知识。一些教师能够在教学中有效地融合不同学科的知识，帮助学生建立综合性的知识体系。但总体来看，跨学科知识的掌握和应用仍是初中教师面临的一大挑战，许多教师在这方面的能力有待提升。

二、教学技能的现状

1. 教学设计能力

教学设计是教师专业素养的重要组成部分。当前，初中教师普遍具备一定的教学设计能力，能够根据课程标准和学生实际情况制定教学计划。然而，在具体教学设计中，一些教师存在模板化、机械化的问题，缺乏个性化和创新性的设计。

2. 课堂管理能力

课堂管理是保证教学效果的重要环节。大多数初中教师在课堂管理方面具备基本能力，能够维持课堂秩序，促进学生的积极参与。但在面对突发事件或特殊学生时，部分教师的应对策略不足，课堂管理效果不够理想。

3. 教学方法的应用

初中教师在教学方法的选择和应用上存在较大差异。一些教师能够灵活运用多种教学方法，如探究式学习、合作学习等，激发学生的学习兴趣和积极性。然而，部分教师仍主要依赖传统的讲授法，教学方式单一，缺乏互动和创新。

4. 教育技术的应用

随着信息技术的快速发展，教育技术在教学中的应用日益重要。当前，初中教师对教育技术的掌握和应用水平参差不齐。一些教师能够熟练使用多媒体、网络平台等工具辅助教学，但也有不少教师对教育技术的了解和应用较为有限，无法充分发挥其在教学中的作用。

三、教育理念的现状

1. 现代教育理念的理解与认同

随着教育改革的深入推进，现代教育理念逐渐深入人心。大多数初中教师能够理解并认同素质教育、全人发展、终身学习等现代教育理念。然而，在具体教学实践中，将这些理念有效转化为教学行为仍存在一定困难。一些教师在教学中仍倾向于应试教育，注重知识传授而忽视能力培养。

2.以学生为中心的教学理念

以学生为中心的教学理念强调关注学生的个体差异和发展需求。部分初中教师能够在教学中体现这一理念，设计个性化的教学活动，关注学生的全面发展。然而，仍有一些教师在教学中以教师为中心，忽视了学生的主体地位，教学活动缺乏灵活性和针对性。

四、职业道德的现状

1.职业道德水平的整体状况

初中教师整体上具备较高的职业道德水平，能够严格遵守教师职业道德规范，履行教师职责，关心和爱护学生。然而，也存在个别教师在职业道德方面出现问题，如体罚学生、接受礼品等，这些行为不仅影响教师的职业形象，也对教育质量产生负面影响。

2.职业责任感和使命感

大多数初中教师具备较强的职业责任感和使命感，愿意为教育事业奉献，积极参与教学和教研活动。但在工作压力和现实挑战下，部分教师出现职业倦怠，缺乏工作热情和动力，这在一定程度上影响了教育质量的提升。

五、教育科研能力的现状

1.参与教育科研的积极性

教育科研是提升教师专业素养的重要途径。当前，初中教师参与教育科研的积极性逐步提高，越来越多的教师认识到教育科研对教学实践的指导作用。然而，实际参与科研的教师比例仍较低，科研能力较弱，科研成果的转化和应用不足。

2. 科研方法的掌握与应用

教师的科研能力不仅体现在科研成果上，还体现在科研方法的掌握与应用上。部分初中教师能够较好地掌握教育科研方法，进行有效的教学研究和实践总结，但整体来看，教师在科研方法的应用上还存在较大提升空间，需要更多的培训和指导。

六、继续教育与培训的现状

1. 继续教育的参与度

继续教育是教师专业化发展的重要途径。当前，大多数初中教师能够积极参与各种形式的继续教育和培训，不断提升自己的专业水平。然而，由于工作负担重、培训资源有限等原因，一些教师参与继续教育的机会和时间不足，影响了专业化发展的持续性。

2. 培训内容与效果

继续教育与培训的内容和效果直接关系到教师专业化发展的质量。当前，初中教师培训的内容逐渐丰富，涵盖学科知识更新、教学方法创新、教育技术应用等多个方面。然而，培训的针对性和实效性仍需提高，一些培训内容与教师实际需求脱节，培训效果不尽理想。

七、区域与校际差异

1. 区域发展不平衡

初中教师专业素养在不同区域间存在显著差异。经济发达地区和教育资源丰富的地区，教师的专业素养普遍较高，继续教育和培训机会多，专业化发展水平较高。而经济欠发达地区和教育资源匮乏的地区，教师的专业素养水平相对较低，继续教育和培训机会有限，专业化发展面临较大挑战。

2. 校际发展不均衡

不同学校之间教师专业素养的水平也存在差异。重点学校和示范学校的教师专业素养普遍较高，学校对教师的支持力度大，专业化发展环境好。而一般学校特别是农村和边远地区的学校，教师专业素养水平相对较低，专业化发展环境不佳，需要更多的政策和资源支持。

当前初中教师的专业素养状况呈现出多样化的特点。总体来看，初中教师具备一定的专业知识和教学技能，理解并认同现代教育理念，具备较高的职业道德水平和一定的教育科研能力。然而，在专业知识的深度与广度、教学技能的创新、现代教育理念的转化、职业道德的细化、教育科研的参与和继续教育的深入等方面，仍存在提升空间。区域和校际间的差异也提示我们需要更多有针对性的政策和措施，以促进初中教师专业化发展的均衡提升，从而全面提高教育质量。通过持续的努力和改进，初中教师的专业素养将不断提升，为新时代的教育事业贡献更大的力量。

第二节 初中教师队伍结构的现状

初中教师队伍结构的现状是衡量一个地区教育水平和质量的重要指标之一。了解初中教师队伍的年龄、学历、职称、性别、区域分布等结构，可以帮助教育管理者制定科学合理的政策，促进教育资源的优化配置和教师队伍的可持续发展。以下从多个维度详细探讨当前初中教师队伍结构的现状。

一、年龄结构

1. 青年教师占比增加

随着教育事业的发展和教师招聘政策的调整，初中教师队伍中青年教师的比例逐步增加。许多地区通过扩招师范生、引进新教师等措施，补充了大量的年轻力量。青年教师充满活力，接受新理念和新技术的能力强，有助于推动教学改革和教育创新。

2. 中年教师的主力地位

尽管青年教师比例增加，但中年教师依然是初中教师队伍的中坚力量。中年教师一般具有丰富的教学经验和较高的专业水平，能够在教学、教研和管理等方面发挥重要作用。然而，中年教师普遍面临工作压力大、职业倦怠等问题，需要更多的支持和激励措施。

3. 老年教师比例的变化

随着退休年龄的提高和老龄化社会的到来，一些地区初中教师队伍中老年教师的比例有所上升。老年教师教学经验丰富，但其在接受新理念和新技术方面可能存在一定的困难。需要通过合理的岗位安排和培训，发挥老年教师的优势，缓解其职业压力。

二、学历结构

1. 本科及以上学历教师比例增加

随着教师招聘门槛的提高和教师自身素质的提升，初中教师队伍中具有本科及以上学历的教师比例逐年增加。许多地区要求新招聘的初中教师必须具备本科以上学历，这有助于提升教师队伍的整体素质。

2. 硕士及以上学历教师比例较低

尽管本科及以上学历教师比例增加，但初中教师中具有硕士及以上学历的教师比例仍较低。这主要是因为硕士及以上学历教师更倾向于选择高校或其他更高层次的教育岗位。需要通过提升初中教师职业吸引力，吸引更多高学历人才加入初中教育队伍。

3. 继续教育和学历提升的需求

许多初中教师在职期间通过继续教育和学历提升，提高自己的学术水平和专业素养。各地教育主管部门和学校应积极支持教师的继续教育，提供更多的学习机会和资源，促进教师学历结构的优化。

三、职称结构

1. 高级职称教师比例相对较低

初中教师中具有高级职称的教师比例相对较低。这与职称评定制度、岗位设置和教师职业发展路径等因素有关。高级职称教师一般具有较高的专业水平和教学能力，是教师队伍中的骨干力量。

2. 中级职称教师占比较大

初中教师中具有中级职称的教师比例较大。中级职称教师一般处于职业发展的中期，具备一定的教学经验和专业水平，能够独立承担教学任务和教研工作。中级职称教师的培养和发展，对于提升整体教育质量具有重要意义。

3. 初级职称教师的职业发展需求

初级职称教师一般为刚入职的青年教师，他们具有较强的学习能力和发展潜力。需要通过系统的培训和指导，帮助初级职称教师尽快适应教学岗位，提升专业水平，促进其职业发展。

四、性别结构

1. 女性教师占比高

初中教师队伍中女性教师的比例普遍较高。女性教师在教学、班级管理和与学生沟通方面具有一定的优势，但也面临家庭和工作平衡的压力。需要在政策和管理上给予女性教师更多的支持，促进其职业发展。

2. 男性教师比例相对较低

尽管初中教师队伍中男性教师的比例相对较低，但男性教师在某些学科（如体育、科学等）和管理岗位上具有不可替代的作用。需要通过多渠道招聘和激励，增加初中教师队伍中男性教师的比例，优化性别结构。

五、区域结构

1. 城市与农村教师队伍的差异

城市与农村初中教师队伍在学历、职称、教学资源等方面存在显著差异。城市教师普遍学历较高、职称较高、教学资源丰富；而农村教师则面临学历偏低、职称较低、资源匮乏等问题。需要通过政策倾斜、资源配置和教师交流等措施，缩小城乡教师队伍的差距。

2. 发达地区与欠发达地区的差异

不同地区之间初中教师队伍的结构也存在差异。经济发达地区教师的学历和职称水平较高，教师培训和发展机会较多；欠发达地区教师则面临学历和职称水平较低、培训机会不足等问题。需要通过加强欠发达地区教师队伍建设，提高教师整体素质，促进区域教育均衡发展。

3. 区域教师流动性的问题

一些地区存在教师流动性较大的问题，特别是农村和边远地区，教师流失率较高。这不仅影响了当地教育的稳定和质量，也加剧了区域教育发展的不平衡。需要通过提高教师待遇、改善工作条件和实施激励措施，稳定教师队伍，促进教师在不同区域间的合理流动。

六、教师专业发展现状

1. 教师培训与继续教育

初中教师的专业化发展离不开系统的培训和继续教育。当前，各地教育主管部门和学校通过多种形式的培训，为教师提供专业发展机会。然而，培训内容和形式的针对性和实效性有待进一步提升，需要更多地结合教师实际需求，提供个性化、实用性的培训内容。

2. 教师教研活动

教研活动是教师专业化发展的重要途径。许多初中教师积极参与校本教研、区域教研和学科教研，通过教研活动提升自己的教学能力和专业素养。然而，教研活动的质量和效果参差不齐，有些教研活动流于形式，缺乏深度和实效。需要加强教研活动的管理和指导，提升教研活动的质量和效果。

3. 教师职业发展路径

教师职业发展路径的科学设计对于教师专业化发展具有重要意义。当前，初中教师职业发展路径存在不够清晰和完善的问题，特别是青年教师和初级职称教师，在职业发展过程中缺乏明确的方向和支持。需要通过制定科学合理的职业发展规划，为教师提供多样化的职业发展路径和机会，促进教师的持续发展。

七、教师职业幸福感与职业倦怠

1. 教师职业幸福感的现状

教师职业幸福感是教师专业素养和职业发展的重要指标。当前，初中教师的职业幸福感总体较好，大多数教师对自己的职业有较高的认同感和满意度。然而，工作压力大、职业发展瓶颈、家庭与工作的平衡等问题，影响了部分教师的职业幸福感。

2. 教师职业倦怠的现状

职业倦怠是影响教师职业幸福感和专业化发展的重要问题。一些初中教师由于工作负荷重、职业压力大、职业发展受限等原因，出现职业倦怠现象。需要通过心理支持、工作环境改善、职业发展机会拓展等措施，缓解教师职业倦怠，提升教师职业幸福感。

八、政策支持与发展建议

1. 提高教师待遇

提高教师待遇是吸引和留住优秀教师的重要措施。需要通过增加教师薪酬、改善工作环境、提供住房和医疗保障等，提升教师的职业吸引力，稳定教师队伍。

2. 优化教师培训体系

优化教师培训体系是提升教师专业素养的关键。需要根据教师的实际需求，设计个性化、多样化的培训内容和形式，提升培训的针对性和实效性。同时，建立培训效果评价和反馈机制，确保培训质量。

3. 完善教师职业发展路径

完善教师职业发展路径是促进教师专业化发展的重要举措。需要制定科学合理的职业发展规划，为教师提供多样化的职业发展机会和路径，促进教师的持续发展。

4. 加强区域教育均衡发展

缩小区域间教师队伍结构的差距，是促进教育公平和均衡发展的重要任务。需要通过政策倾斜、资源配置和教师交流等措施，加强欠发达地区教师队伍建设，提高教师整体素质，促进区域教育均衡发展。

5. 提升教师职业幸福感

提升教师职业幸福感是保障教师健康和提升教育质量的重要内容。需要通过心理支持、工作环境改善、职业发展机会拓展等措施，缓解教师职业倦怠，提升教师职业幸福感。

当前初中教师队伍结构在年龄、学历、职称、性别、区域分布等方面呈现出多样化和不均衡的特点。通过科学合理的政策支持和管理措施，可以优化初中教师队伍结构，提升教师专业素养，促进教育质量的全面提升。初中教师队伍结构的优化不仅需要教育主管部门和学校的努力，也需要全社会的关注和支持。只有不断提升初中教师的专业化水平，优化教师队伍结构，才能实现新时代教育事业的高质量发展，为学生的全面发展和社会的进步做出更大的贡献。

第三节 初中教师专业化区域发展不均衡的状况分析

初中教师专业化发展是提升教育质量、促进学生全面发展的关键。然而，在我国，由于地区经济发展水平、教育资源分配等多方面的原因，初中教师专业化发展的区域不均衡现象较为明显。通过详细分析这一现象，可以为制定科学合理的政策提供依据，推动区域教育的均衡发展。以下从经济发达地区与欠发达地区、城乡之间以及东西部区域等多个维度进行详细探讨。

一、经济发达地区与欠发达地区的差异

1. 教师学历与职称水平

在经济发达地区，初中教师普遍具备较高的学历和职称水平。教师招聘标准较高，吸引了大量高学历人才。许多教师通过继续教育和职称评定，获得了更高的学术资格和专业认可。

相比之下，欠发达地区的初中教师学历和职称水平相对较低。这些地区的教师招聘门槛较低，吸引力不足，许多教师仅具备专科或本科初始学历，且获得高级职称的机会较少。

2. 教师培训与继续教育

经济发达地区的初中教师有更多的机会参与各类专业培训和继续教育。这些地区的教育主管部门和学校能够提供丰富的培训资源，包括国内外研修机会、名师讲座、专业学习共同体等。

欠发达地区由于经济条件限制，教师培训和继续教育资源匮乏。教师参加培训的机会较少，培训内容单一，难以满足教师专业化发展的需求。

3. 教学资源与设备

发达地区的初中学校在教学资源和设备方面具有明显优势。这些学校配备了先进的多媒体教学设备、实验室、图书馆等，为教师开展多样化的教学活动

提供了良好的条件。

欠发达地区的初中学校在教学资源和设备方面较为落后。许多学校缺乏基本的教学设备，教学资源匮乏，教师难以有效开展教学活动，影响了教学质量的提升。

4. 教师待遇与工作环境

经济发达地区的初中教师待遇普遍较高，工作环境较好。教师的薪酬水平、福利待遇和职业发展机会较多，工作压力相对较小，职业满意度较高。

欠发达地区的初中教师待遇较低，工作环境较差。教师薪酬水平低，福利待遇少，职业发展机会有限，工作压力大，职业满意度较低，导致教师流失率较高。

二、城乡之间的差异

1. 教师队伍稳定性

城市初中教师队伍较为稳定。城市学校具有较强的吸引力，能够吸引和留住优秀教师。教师的职业认同感和归属感较强，流动性较低。

农村初中教师队伍流动性较大。由于工作条件艰苦、待遇低、发展机会少，许多教师不愿长期留在农村学校工作，导致教师队伍不稳定，影响了教育质量的提升。

2. 教师专业发展机会

城市初中教师有更多的专业发展机会。城市学校能够提供丰富的培训资源和继续教育机会，教师可以通过多种途径提升自己的专业水平。

农村初中教师专业发展机会较少。农村学校培训资源匮乏，教师参加培训的机会有限，专业发展受到严重制约。

3. 教育资源与支持

城市初中学校教育资源丰富，政府和社会支持力度大。学校能够获得充足的经费支持，建设优质的教学环境和设施，为教师提供良好的工作条件。

农村初中学校教育资源不足，政府和社会支持力度较小。学校经费紧张，教学设施简陋，教师工作条件差，缺乏必要的支持和保障。

4. 学生生源质量

城市初中学校的学生生源质量较高。城市家庭对教育的重视程度高，学生学习基础较好，教师能够开展高质量的教学活动。

农村初中学校的学生生源质量较差。农村家庭教育资源有限，学生学习基础薄弱，教师在教学中面临较大的挑战，教学效果受到影响。

三、东西部区域的差异

1. 教育政策与资源配置

东部地区教育政策落实到位，资源配置合理。东部地区经济发达，政府对教育的投入较大，学校能够获得充足的资源支持，教师的专业化发展得到保障。

西部地区教育政策落实不足，资源配置不合理。西部地区经济落后，政府对教育的投入有限，学校资源匮乏，教师的专业化发展面临较大困难。

2. 教师队伍建设与管理

东部地区教师队伍建设与管理较为完善。东部地区学校在教师招聘、培训、考核、激励等方面建立了系统的机制，教师专业化发展取得显著成效。

西部地区教师队伍建设与管理较为薄弱。西部地区学校在教师招聘、培训、考核、激励等方面存在较多问题，教师专业化发展受到制约。

3. 教师职业发展机会

东部地区教师职业发展机会较多。东部地区教师可以通过多种途径提升自己的专业水平，如参加高级培训、进修学位、参加国内外学术交流等。

西部地区教师职业发展机会较少。西部地区教师由于条件限制，参加高级培训和进修学位的机会有限，职业发展受到影响。

4. 教师待遇与福利

东部地区教师待遇与福利较好。东部地区教师的薪酬水平较高，福利待遇较好,工作环境优越,职业满意度较高。

西部地区教师待遇与福利较差。西部地区教师的薪酬水平较低,福利待遇较差,工作环境艰苦,职业满意度较低,导致教师流失率较高。

四、区域教师专业化发展的困境与挑战

1. 经济条件制约

区域教师专业化发展的不均衡,根本原因在于经济条件的差异。经济发达地区能够提供充足的资源支持,推动教师专业化发展;而经济欠发达地区由于财力不足,难以有效保障教师的专业化发展。

2. 政策落实不到位

尽管国家出台了一系列支持教师专业化发展的政策,但在一些欠发达地区,政策落实不到位,教师难以真正受益。地方政府在政策执行和资源配置上存在问题,影响了教师专业化发展的进程。

3. 教师培训体系不完善

一些地区教师培训体系不完善,培训内容和形式缺乏针对性和实效性。教师培训资源分配不均,许多教师无法获得有效的培训,专业化发展受到制约。

4. 教师流动性大

欠发达地区和农村地区教师流动性大,导致教师队伍不稳定。教师流失不仅影响了教学质量,也阻碍了教师专业化发展的持续推进。

五、区域教师专业化发展的对策与建议

1. 加大教育投入

加大对欠发达地区和农村地区的教育投入,改善学校基础设施,提升教师待遇,吸引和留住优秀教师。通过财政转移支付等方式,增加对西部和贫困地区教育的支持,促进区域教育均衡发展。

2. 落实政策保障

确保国家关于教师专业化发展的各项政策在地方得到有效落实。地方政府应制定具体措施，保障教师的合法权益，提供必要的资源支持，促进教师专业化发展。

3. 完善培训体系

完善教师培训体系，提升培训的针对性和实效性。根据教师的实际需求，设计多样化的培训内容和形式，提供个性化的培训服务。加强城乡和区域间的教师交流与合作，提升教师的专业素养。

4. 优化教师管理

优化教师管理机制，建立科学合理的教师评价和激励体系。通过制定职业发展规划，提供职业晋升机会，激发教师的工作积极性和专业发展动力。稳定教师队伍，减少教师流失，提升教育质量。

5. 推动区域合作

推动区域间的教育合作与资源共享。东部发达地区与西部欠发达地区、城市与农村地区之间，应建立教师交流与合作机制，互派教师交流学习，共享优质教育资源，提升区域教育整体水平。

6. 提高教师职业吸引力

提高教师职业吸引力，增强教师的职业认同感和幸福感。改善教师工作环境，提供心理支持，缓解职业压力，促进教师身心健康发展。通过职业生涯规划和发展支持，帮助教师实现个人和职业的双重成长。

初中教师专业化发展的区域不均衡现象，反映了我国教育发展过程中面临的现实挑战。通过科学合理的政策措施，加大教育投入，完善培训体系，优化教师管理，推动区域合作，可以逐步缩小区域间教师专业化发展的差距，促进教育公平和均衡发展。只有不断提升初中教师的专业化水平，优化教师队伍结构，才能实现新时代教育事业的高质量发展，为学生的全面发展和社会的进步做出更大的贡献。

第三章 教育理念更新与教学创新

第一节 新时代教育理念的深化

新时代教育理念的深化是教育改革的核心内容之一，旨在应对信息化、全球化时代的新挑战，培养具有创新精神、综合素质和国际视野的新型人才。这一理念的深化不仅体现在教育目标和内容的调整上，还反映在教育方法、评价体系、教育环境等各个方面。以下从多个角度详细探讨新时代教育理念的深化。

一、新时代教育理念的背景与动因

1. 社会经济的快速发展

信息技术和全球化进程的加速，推动了社会经济的迅猛发展。知识更新的速度加快，对劳动力的要求也不断提高。教育必须适应这一变化，为社会培养具有创新能力和适应力的高素质人才。

2. 科技革命的影响

以人工智能、大数据、云计算为代表的新技术正在深刻改变人类的生产生活方式。教育需要与科技发展同步，培养学生的科技素养和信息素养，使他们能够在未来社会中游刃有余。

3. 全球化与国际竞争

在全球化背景下，各国之间的竞争日益激烈。教育不仅要培养本国的优秀人才，还要具有国际视野，能够在全球舞台上竞争和合作。教育理念必须注重国际化，培养学生的跨文化理解和全球视野。

4. 人的全面发展的需求

随着社会的进步和人们生活水平的提高，教育不再仅仅是知识传授，而是关注人的全面发展。教育理念需要强调学生的个性化发展、创新能力、社会责任感和道德素养。

二、 新时代教育理念的核心要素

1. 以人为本

新时代教育理念强调以人为本，关注每一个学生的个性化发展。教育应尊重学生的个体差异，满足不同学生的学习需求，帮助他们发掘潜力，实现自我价值。

2. 创新驱动

创新是新时代教育的核心驱动力。教育需要培养学生的创新意识和创新能力，鼓励他们独立思考、勇于探索、敢于实践。学校应营造创新的教育环境，提供丰富的学习资源和机会。

3. 全人发展

新时代教育理念关注学生的全面发展，包括德、智、体、美、劳等方面。教育不仅要传授知识，还要培养学生的道德品质、审美情趣、身体素质和劳动能力，促进他们的全面发展。

4. 终身学习

终身学习是应对信息化社会的必要手段。新时代教育理念强调培养学生的学习能力和学习兴趣，使他们具备终身学习的意识和能力，能够在快速变化的社会中不断学习和成长。

5. 国际化视野

新时代教育理念要求学生具备国际化视野，能够理解和尊重不同文化，具备跨文化交流和合作的能力。学校应加强国际理解教育，开展多样化的国际交流活动，提升学生的全球素养。

三、新时代教育理念的具体体现

1. 课程改革与教育内容更新

新时代教育理念的深化首先体现在课程改革和教育内容的更新上。课程设置应更加灵活，注重跨学科知识的整合，强调实践能力和创新能力的培养。教育内容应与时俱进，反映最新的科技和社会发展，增加前沿知识和综合实践课程。

2. 教学方法与教育技术创新

教学方法应与新时代教育理念相匹配。探究式学习、项目式学习、合作学习、翻转课堂等新型教学方法正在广泛应用。教育技术的创新，如智慧课堂、虚拟现实、在线教育平台等，为教学提供了更多的可能性，提升了教学的互动性和有效性。

3. 评价体系的改革

评价体系的改革是新时代教育理念深化的重要环节。传统的评价方式主要关注学生的考试成绩，而新时代教育理念强调多元评价，关注学生的全面发展。评价应包括过程评价、项目评价、自评和互评等多种形式，全面反映学生的学习过程和发展水平。

4. 教育环境的优化

教育环境的优化也是新时代教育理念的重要体现。学校应营造开放、包容、创新的教育氛围，提供丰富的学习资源和实践机会。通过校内外教育资源的整合，构建多元化的学习空间，提升学生的学习体验和效果。

四、新时代教育理念的实施策略

1. 政策引导与支持

政府应制定相关政策，推动新时代教育理念的实施。政策应包括课程改革、教师培训、教育资源配置、评价体系改革等方面的具体措施，为教育理念的深化提供制度保障和资源支持。

2. 教师专业发展

教师是新时代教育理念实施的关键。教师需要不断提升自己的专业素养，掌握新的教育理念和教学方法。学校应提供系统的教师培训和继续教育机会，帮助教师更新知识、提升能力。

3. 教育资源的优化配置

教育资源的优化配置是新时代教育理念实施的基础。政府和学校应加大教育投入，改善办学条件，提供充足的教育资源。特别是要关注边远和贫困地区的教育资源配置，促进教育公平。

4. 家校合作与社会支持

家庭和社会的支持对于新时代教育理念的实施至关重要。学校应加强与家长的沟通与合作，共同关注学生的成长和发展。社会各界应积极参与和支持教育事业，共同营造良好的教育环境。

5. 国际交流与合作

国际交流与合作是提升教育质量和水平的重要途径。学校应积极开展国际交流活动，学习借鉴国外先进的教育理念和经验，提升教育的国际化水平。通过国际合作，共同应对教育挑战，促进全球教育的共同发展。

五、 新时代教育理念深化的案例分析

1. 芬兰的教育改革

芬兰的教育改革以其高质量和创新性著称，成为全球教育的典范。芬兰的教育理念强调学生的个性化发展和自主学习，注重培养学生的创新能力和社会责任感。芬兰的课程设置灵活多样，教学方法创新，评价体系多元化，为新时代教育理念的深化提供了宝贵的经验。

2. 新加坡的教育创新

新加坡的教育改革注重实践与理论的结合，强调学生的全面发展和国际化视野。新加坡的学校在课程设置上注重跨学科知识的整合，在教学方法上积极采用项目式学习、探究式学习等新型教学方法，评价体系也注重过程评价和多元化评价。新加坡的教育创新为新时代教育理念的深化提供了重要参考。

3. 中国的教育实验

中国近年来在教育领域进行了多项改革实验，取得了显著成效。例如，北京十一学校的"无边界"课程体系、上海市的课程改革试点、浙江省的"未来课堂"项目等，这些实验项目在课程设置、教学方法、评价体系等方面进行了大胆创新，积累了丰富的经验。

新时代教育理念的深化是教育改革的重要方向，也是应对信息化、全球化挑战的重要举措。通过课程改革、教学方法创新、评价体系改革和教育环境优化等具体措施，可以有效推动新时代教育理念的实施。政府、学校、教师、家庭和社会各界应共同努力，为学生的全面发展和社会的可持续发展提供有力支持。只有不断深化教育理念，才能培养出适应新时代需求的高素质创新型人才，为国家和社会的发展注入新的活力。

第二节 素质教育与创新教育的实施

随着社会的发展和科技的进步，传统的应试教育已无法满足新时代对人才的需求。素质教育和创新教育作为新时代教育改革的核心理念，强调培养学生的全面素质和创新能力，旨在推动教育从注重知识传授向关注能力培养和全面发展的方向转变。以下将从概念界定、实施背景、实施策略和具体案例等多个方面详细探讨素质教育与创新教育的实施。

一、素质教育与创新教育的概念

1. 素质教育的概念

素质教育是指全面提高学生的基本素质，包括德、智、体、美、劳等方面的全面发展。素质教育强调学生综合能力的培养，注重学生道德品质、思维能力、创新精神和实践能力的发展，旨在培养德、智、体、美、劳全面发展的社会主义建设者和接班人。

2. 创新教育的概念

创新教育是指通过教育教学活动，培养学生的创新意识、创新能力和创新精神。创新教育强调培养学生的创造性思维和实践能力，鼓励学生独立思考、勇于探索、敢于实践，旨在培养具有创新精神和创新能力的高素质人才。

二、素质教育与创新教育的实施背景

1. 社会发展的需求

随着社会经济的发展和科技的进步，现代社会对人才的需求发生了重大变化。创新已成为国家竞争力的核心要素，社会需要大量具有创新能力和综合素质的高素质人才。素质教育和创新教育的实施正是顺应了这一发展趋势，旨在培养适应新时代需求的创新型人才。

2. 教育改革的要求

我国教育改革的目标是实现教育的现代化和公平化，提高教育质量。素质教育和创新教育作为教育改革的重要内容，得到了广泛的重视和推广。通过实施素质教育和创新教育，可以推动教育模式的转变，提升教育质量，实现教育公平。

3. 学生发展的需要

现代教育不再仅仅关注学生的学业成绩，更加注重学生的全面发展。素质教育和创新教育强调学生的个性化发展，关注学生的兴趣、特长和潜能，旨在帮助学生全面发展，提升综合素质和创新能力，满足学生发展的需要。

三、素质教育与创新教育的实施策略

1. 课程改革

课程改革是实施素质教育和创新教育的基础。通过优化课程设置，增加综合实践课程和创新课程，促进学生全面发展和创新能力的培养。课程内容应与时俱进，反映现代科技和社会发展的最新成果，激发学生的学习兴趣和创新思维。

2. 教学方法的创新

教学方法的创新是实施素质教育和创新教育的关键。探究式学习、项目式学习、合作学习、翻转课堂等新型教学方法有助于培养学生的自主学习能力和创新能力。教师应根据学生的特点和学习需求，灵活运用多种教学方法，激发学生的学习兴趣和创新潜能。

3. 评价体系的改革

评价体系的改革是实施素质教育和创新教育的重要环节。传统的评价方式主要关注学生的考试成绩，忽视了学生的综合素质和创新能力。新时代的评价体系应注重过程评价、项目评价、自评和互评等多种形式，全面反映学生的学习过程和发展水平。

4. 教师专业发展的提升

教师是实施素质教育和创新教育的关键。教师需要不断提升自己的专业素养，掌握新的教育理念和教学方法。学校应提供系统的教师培训和继续教育机会，帮助教师更新知识、提升能力，适应素质教育和创新教育的要求。

5. 教育资源的优化配置

教育资源的优化配置是实施素质教育和创新教育的保障。政府和学校应加大教育投入，改善办学条件，提供充足的教育资源。特别是要关注边远和贫困地区的教育资源配置，促进教育公平，确保每个学生都能享受到优质的教育。

6. 家校合作与社会支持

家庭和社会的支持对于实施素质教育和创新教育至关重要。学校应加强与家长的沟通与合作，共同关注学生的成长和发展。社会各界应积极参与和支持教育事业，共同营造良好的教育环境。

四、素质教育与创新教育的具体案例

1. 北京十一学校的"无边界"课程体系

北京十一学校以"无边界"课程体系为核心，通过多元化的课程设置和创新性的教学方法，促进学生的全面发展和创新能力的培养。学校开设了丰富多样的选修课、综合实践课和创新实验课，鼓励学生自主选择、独立思考和勇于实践。通过学科课程、综合课程、职业考察课程、学生社团等方式，培养学生的综合素质和创新能力。

2. 上海市的课程改革试点

上海市在课程改革方面进行了多项试点工作，取得了显著成效。试点学校通过优化课程设置，增加综合实践课程和创新课程，促进学生的全面发展和创新能力的培养。学校在教学方法上积极采用探究式学习、项目式学习和翻转课堂等新型教学方法，提升学生的学习兴趣和创新能力。评价体系的改革也在试点学校中取得了积极进展，通过过程评价、项目评价、自评和互评等多种形式，全面反映学生的学习过程和发展水平。

3. 浙江省的"未来课堂"项目

浙江省的"未来课堂"项目是素质教育和创新教育的重要实践。项目通过现代信息技术的应用，构建智慧课堂，提升教学效果和学生的学习体验。未来课堂注重学生的个性化发展和创新能力的培养，采用翻转课堂、探究式学习和项目式学习等新型教学方法，激发学生的学习兴趣和创新思维。通过智慧教育平台，教师可以根据学生的学习情况进行个性化指导，促进学生的全面发展。

五、素质教育与创新教育的实施效果

1. 学生综合素质的提升

通过实施素质教育和创新教育，学生的综合素质得到了显著提升。学生在道德品质、思维能力、创新精神和实践能力等方面取得了较大进步，综合素质得到了全面发展。

2. 学生创新能力的增强

素质教育和创新教育的实施，有助于培养学生的创新意识和创新能力。学生在学习过程中，能够独立思考、勇于探索、敢于实践，创新能力得到了显著增强。

3. 教学质量的提高

通过课程改革、教学方法的创新和评价体系的改革，教学质量得到了明显提高。学生的学习兴趣和学习效果显著提升，教学质量实现了质的飞跃。

4. 教师专业素养的提升

素质教育和创新教育的实施，对教师的专业素养提出了更高的要求。通过系统的培训和继续教育，教师的专业素养得到了显著提升，能够更好地适应新时代教育的要求。

5. 教育公平的促进

通过教育资源的优化配置和家校合作与社会支持，素质教育和创新教育促进了教育公平。边远和贫困地区的学生也能够享受到优质的教育资源和教育服务，教育公平得到了有效保障。

六、素质教育与创新教育的未来发展方向

1. 深化课程改革

未来，素质教育和创新教育需要进一步深化课程改革。课程设置应更加灵活，注重跨学科知识的整合，增加前沿知识和综合实践课程。课程内容应与时俱进，反映最新的科技和社会发展，激发学生的学习兴趣和创新思维。

2. 推进教学方法的创新

教学方法的创新是素质教育和创新教育的关键。未来，教师应根据学生的特点和学习需求，灵活运用多种教学方法，激发学生的学习兴趣和创新潜能。探究式学习、项目式学习、合作学习、翻转课堂等新型教学方法应得到广泛应用和推广。

3. 完善评价体系

评价体系的完善是素质教育和创新教育的重要环节。未来的评价体系应注重多元评价，关注学生的全面发展。评价应包括过程评价、项目评价、自评和互评等多种形式，全面反映学生的学习过程和发展水平。

4. 加强教师专业发展

教师是素质教育和创新教育的关键。未来，应进一步加强教师的专业发展，提供系统的教师培训和继续教育机会，帮助教师更新知识，提升能力。教师应不断提升自己的专业素养，掌握新的教育理念和教学方法，适应素质教育和创新教育的要求。

5. 优化教育资源配置

教育资源的优化配置是素质教育和创新教育的保障。未来，政府和学校应加大教育投入，改善办学条件，提供充足的教育资源。特别是要关注边远和贫困地区的教育资源配置，促进教育公平，确保每个学生都能享受到优质的教育。

6. 加强家校合作与社会支持

家庭和社会的支持对于素质教育和创新教育至关重要。未来，学校应加强与家长的沟通与合作，共同关注学生的成长和发展。社会各界应积极参与和支持教育事业，共同营造良好的教育环境。

素质教育和创新教育作为新时代教育改革的核心理念，强调培养学生的全面素质和创新能力，是提升教育质量、促进学生全面发展的重要途径。通过课程改革、教学方法的创新、评价体系的改革、教师专业发展的提升、教育资源的优化配置以及家校合作与社会支持，素质教育和创新教育的实施取得了显著成效。未来，需要进一步深化改革，不断创新，推动素质教育和创新教育的持续发展，为培养适应新时代需求的高素质创新型人才奠定坚实基础。

第三节 项目式学习与翻转课堂的应用

项目式学习（Project-Based Learning, PBL）和翻转课堂（Flipped Classroom）作为两种新型教学模式，在教育理念更新与教学创新中占据重要位置。这两种教学方法在全球教育改革中得到了广泛应用，并在培养学生的自主学习能力、创新能力和综合素质方面取得了显著成效。以下将详细探讨项目式学习和翻转课堂的概念、理论基础、应用实践及其在教育中的实际效果。

一、项目式学习的应用

（一）项目式学习的概念与理论基础

1. 概念

项目式学习是一种以学生为中心的教学方法，通过让学生参与实际项目，解决现实问题，培养其综合能力和创新精神。在项目式学习中，学生通过探究、合作、反思等活动，完成项目任务，获得深层次的学习体验。

2. 理论基础

项目式学习的理论基础主要包括建构主义学习理论、社会学习理论和体验学习理论。建构主义认为，学习是一个主动建构知识的过程；社会学习理论强调学习的社会互动性；体验学习理论则强调通过实际体验进行学习。

（二）项目式学习的应用实践

1. 项目设计与实施

项目式学习的核心在于项目的设计与实施。教师需要根据课程目标和学生实际情况，设计具有挑战性和实际意义的项目。项目应涵盖多个学科知识，鼓励学生跨学科思考和应用。

2. 学生角色与合作学习

在项目式学习中，学生是主动的学习者和问题解决者。教师应引导学生进行小组合作，通过分工与合作，共同完成项目任务。小组成员之间的合作与交流，有助于培养学生的团队合作精神和沟通能力。

3. 探究与反思

项目式学习强调探究和反思。在项目实施过程中，学生需要通过调查、实验、讨论等方式，探索问题的解决途径。同时，教师应引导学生进行反思，评价自己的学习过程和成果，进一步提升学习效果。

4. 评价与展示

项目式学习的评价应包括过程评价和结果评价。教师可以通过观察、记录、反馈等方式，评价学生在项目实施过程中的表现。此外，学生可以通过展示和汇报，分享自己的项目成果，接受同伴和教师的评价。

（三）项目式学习的实际效果

1. 提高学习兴趣和积极性

项目式学习通过实际项目的设计和实施，激发了学生的学习兴趣和积极性。学生在项目中主动探索、解决问题，获得了更深刻的学习体验。

2. 培养综合能力

项目式学习培养了学生的综合能力，包括批判性思维、问题解决能力、团队合作能力和沟通能力等。学生在项目中不仅掌握了学科知识，还提升了综合素质。

3. 增强创新意识和实践能力

项目式学习通过实际问题的解决，增强了学生的创新意识和实践能力。学生在项目中大胆尝试、勇于创新，积累了丰富的实践经验。

二、翻转课堂的应用

（一）翻转课堂的概念与理论基础

1. 概念

翻转课堂是一种将传统课堂教学模式"翻转"过来的教学方法。教师将知识传授环节放在课外，通过视频、阅读材料等形式让学生自主学习，而将课堂时间用于师生互动、问题解决和实践活动，从而提升学习效果。

2. 理论基础

翻转课堂的理论基础主要包括建构主义学习理论、主动学习理论和混合学习理论。建构主义强调知识是通过主动建构获得的；主动学习理论强调学生的学习主动性和参与度；混合学习理论则强调线上和线下学习的有机结合。

（二）翻转课堂的应用实践

1. 课前准备与自主学习

翻转课堂的课前准备是关键环节。教师需要制作或选择优质的教学视频、阅读材料等，供学生自主学习。学生在课前自主学习，掌握基本知识，为课堂活动做好准备。

2. 课堂互动与深度学习

翻转课堂的课堂时间用于师生互动和深度学习。教师可以设计多样化的课堂活动，如讨论、实验、案例分析等，引导学生应用课前学到的知识，解决实际问题。课堂互动有助于加深学生对知识的理解，提升学习效果。

3. 个性化指导与差异化教学

翻转课堂有助于教师进行个性化指导和差异化教学。在课堂活动中，教师可以关注每个学生的学习情况，提供针对性的辅导，帮助学生解决学习中的困难。差异化教学有助于满足不同学生的学习需求，提升整体学习效果。

4. 反馈与评价

翻转课堂的反馈与评价应注重过程评价和结果评价的结合。教师可以通过课堂观察、即时反馈、测验等方式，了解学生的学习情况，提供及时的指导和评价。评价不仅关注学生的知识掌握情况，还关注其学习过程和能力发展。

（三）翻转课堂的实际效果

1. 提升学习主动性和参与度

翻转课堂通过课前自主学习和课堂互动，提升了学生的学习主动性和参与度。学生在课前自主学习，掌握基本知识，在课堂上积极参与讨论和实践，学习效果显著提升。

2. 促进深度学习

翻转课堂通过课前知识传授和课堂深度学习，促进了学生的深度学习。学生在课前掌握基础知识，在课堂上通过应用和实践，加深了对知识的理解和掌握。

3. 实现个性化教学

翻转课堂为个性化教学提供了可能。教师可以根据学生的学习情况，提供差异化的指导和支持，帮助每个学生实现最佳学习效果。个性化教学有助于满足学生的个性化需求，促进其全面发展。

4. 提高教学效率

翻转课堂通过优化教学流程，提高了教学效率。教师将知识传授环节放在课外，课堂时间用于互动和实践，有效利用了教学时间，提升了教学效果。

三、项目式学习与翻转课堂的结合应用

项目式学习和翻转课堂作为两种新型教学方法，可以有机结合，优势互补，共同提升教学效果。以下探讨项目式学习与翻转课堂结合应用的具体策略和实践案例。

（一）项目式学习与翻转课堂的结合策略

1. 课前准备与项目设计

在结合应用中，教师可以在课前准备阶段，通过翻转课堂的方式，让学生自主学习项目所需的基础知识。教师可以提供教学视频、阅读材料和在线资源，帮助学生掌握项目相关的理论知识和技能。

2. 课堂互动与项目实施

在课堂互动阶段，教师可以通过项目式学习的方式，引导学生开展项目实施。学生在课堂上进行小组合作，探讨项目方案，解决实际问题。教师在课堂上进行指导和支持，帮助学生完成项目任务。

3. 个性化指导与反思评价

在项目实施过程中，教师可以通过个性化指导，关注每个学生的学习情况，提供针对性的辅导和支持。项目结束后，教师可以引导学生进行反思和评价，总结项目经验，提升学习效果。

（二）项目式学习与翻转课堂的结合案例

1. 科学实验项目

在科学课程中，教师可以设计科学实验项目，通过翻转课堂的方式，让学生在课前学习实验原理和步骤。在课堂上，学生进行小组合作，动手操作，完成实验项目。教师在课堂上进行指导和支持，帮助学生解决实验中的问题，提升实践能力。

2. 历史探究项目

在历史课程中，教师可以设计历史探究项目，通过翻转课堂的方式，让学生在课前学习相关历史背景和资料。在课堂上，学生进行小组合作，探讨历史事件，分析历史人物和背景，完成探究报告。教师在课堂上进行指导和支持，帮助学生提升历史分析和探究能力。

3. 社会实践项目

在社会课程中，教师可以设计社会实践项目，通过翻转课堂的方式，让学生在课前学习社会问题和相关理论。在课堂上，学生进行小组合作，探讨社会问题，设计解决方案，完成社会实践项目。教师在课堂上进行指导和支持，帮助学生提升社会责任感和实践能力。

四、项目式学习与翻转课堂的实施效果

1. 提升学生自主学习能力

项目式学习与翻转课堂的结合，有助于提升学生的自主学习能力。学生在项目实施过程中，通过自主学习和合作探究，培养了自我管理和自主学习的能力。

2. 增强学生创新能力

项目式学习与翻转课堂的结合，增强了学生的创新能力。学生在项目中通过独立思考和实践，解决实际问题，激发了创新思维和创造力。

3. 培养学生团队合作精神

项目式学习与翻转课堂的结合，培养了学生的团队合作精神。学生在项目实施过程中，通过小组合作、分工合作，提升了团队合作能力和沟通能力。

4. 提高学生综合素质

项目式学习与翻转课堂的结合，有助于提高学生的综合素质。学生在项目中不仅掌握了学科知识，还提升了批判性思维、问题解决能力、实践能力和社会责任感等综合素质。

五、项目式学习与翻转课堂的挑战与对策

1. 教师专业素养的提升

项目式学习与翻转课堂的实施，对教师的专业素养提出了更高的要求。教师需要不断提升自己的专业素养，掌握新的教育理念和教学方法。学校应提供系统的教师培训和继续教育机会，帮助教师更新知识、提升能力，适应项目式学习和翻转课堂的要求。

2. 教学资源的优化配置

项目式学习与翻转课堂的实施，需要充足的教学资源和技术支持。政府和学校应加大教育投入，改善办学条件，提供充足的教育资源，特别是要关注边远和贫困地区的教育资源配置，促进教育公平，确保每个学生都能享受到优质

的教育。

3. 评价体系的完善

项目式学习与翻转课堂的实施，需要完善的评价体系。评价应注重多元评价，关注学生的全面发展。评价应包括过程评价、项目评价、自评和互评等多种形式，全面反映学生的学习过程和发展水平。

4. 家校合作与社会支持

家庭和社会的支持对于项目式学习与翻转课堂的实施至关重要。学校应加强与家长的沟通与合作，共同关注学生的成长和发展。社会各界应积极参与和支持教育事业，共同营造良好的教育环境。

项目式学习与翻转课堂作为两种新型教学方法，在教育理念更新与教学创新中发挥了重要作用。通过项目式学习，学生在解决实际问题的过程中，提升了综合能力和创新能力；通过翻转课堂，学生在自主学习和课堂互动中，提升了学习效果和学习体验。两者的结合应用，优势互补，共同推动了教育质量的提升。未来，需要进一步深化改革，创新实践，推动项目式学习与翻转课堂的广泛应用，为培养适应新时代需求的高素质创新型人才奠定坚实基础。

第四节 以学生为中心的教学模式构建

以学生为中心的教学模式（Student-Centered Learning, SCL）是新时代教育理念的核心，其目的是通过尊重学生的个体差异和自主学习需求，构建灵活、多样的教学模式，促进学生的全面发展。以下将详细探讨以学生为中心的教学模式的概念、理论基础、实施策略及其实际应用。

一、以学生为中心的教学模式的概念与理论基础

（一）概念

以学生为中心的教学模式是指在教学过程中，尊重学生的个性化需求和发展潜力，鼓励学生自主学习、探究学习和合作学习，注重学生的学习过程和体验，促进学生的全面发展。这种模式强调学生的主体地位，教师的角色从知识传授者转变为学习的指导者和促进者。

（二）理论基础

1. 建构主义学习理论

建构主义认为，学习是学生主动建构知识的过程，教师应创设丰富的学习环境，支持和引导学生自主探究和合作学习。代表人物让·皮亚杰（Jean Piaget）和维果茨基（Lev Vygotsky）的理论为以学生为中心的教学模式提供了重要理论支持。

2. 人本主义教育理论

人本主义教育强调学生的主体地位和个性化发展，注重学生的内在需求和潜能开发。卡尔·罗杰斯（Carl Rogers）和亚伯拉罕·马斯洛（Abraham Maslow）的人本主义理论强调教育应尊重学生的自主性和创造性，促进学生的自我实现。

3. 多元智能理论

霍华德·加德纳（Howard Gardner）的多元智能理论指出，每个学生具有不同的智能类型，教育应尊重学生的个体差异，提供多样化的学习机会，促进学生的全面发展。

二、以学生为中心的教学模式的实施策略

（一）个性化学习

1. 学习计划的个性化

教师应根据每个学生的学习兴趣、能力和需求，制定个性化的学习计划，确保每个学生都能在自己的学习节奏和方式下取得最佳学习效果。

2. 多样化的学习资源

提供丰富多样的学习资源，如在线课程、电子书、视频教程、实验材料等，满足不同学生的学习需求和兴趣，促进个性化学习。

（二）探究式学习

1. 问题驱动的学习

教师应设计有挑战性和实际意义的问题，激发学生的好奇心和求知欲。学生通过探究和解决问题，主动建构知识，提升学习能力。

2. 项目式学习

通过项目式学习，让学生在实际项目中进行探究和实践，培养其批判性思维、创新能力和团队合作精神。教师应提供适当的指导和支持，帮助学生完成项目任务。

（三）合作学习

1. 小组合作学习

组织学生进行小组合作学习，通过团队合作、分工合作，共同完成学习任务。

合作学习有助于培养学生的沟通能力、团队精神和合作意识。

2. 同伴互助学习

鼓励学生在学习过程中互相帮助,进行同伴互助学习。通过互相交流和分享,学生可以加深对知识的理解,提升学习效果。

(四)反思性学习

1. 学习过程中的反思

在教学过程中,教师应引导学生进行反思,总结学习经验,发现学习中的不足和改进方法。反思性学习有助于学生提高自我认知和学习能力。

2. 自评与互评

通过自评和互评,学生可以了解自己的学习进展和成果,发现问题并及时调整学习策略。教师应提供反馈和指导,帮助学生不断提升。

三、以学生为中心的教学模式的实际应用

(一)基于学生兴趣的课程设计

1. 选修课和兴趣小组

学校应开设丰富的选修课和兴趣小组,满足学生的多样化兴趣和需求。学生可以根据自己的兴趣选择课程,深入学习相关领域的知识和技能。

2. 跨学科课程

设计跨学科课程,将不同学科的知识和技能进行整合,促进学生的综合素质和创新能力的发展。教师应引导学生在跨学科课程中进行探究和实践,提升学习效果。

(二)灵活多样的教学方法

1. 翻转课堂

通过翻转课堂,学生在课前进行自主学习,掌握基础知识,在课堂上进行

互动和实践，解决实际问题。翻转课堂有助于提升学生的学习主动性和深度学习能力。

2. 项目式学习

通过项目式学习，学生在实际项目中进行探究和实践，培养其创新能力和实践能力。教师应提供适当的指导和支持，帮助学生完成项目任务。

3. 探究式学习

通过探究式学习，学生在解决实际问题的过程中，主动建构知识，提升学习能力。教师应设计有挑战性和实际意义的问题，激发学生的好奇心和求知欲。

（三）创设丰富的学习环境

1. 学习空间的设计

学校应创设多样化的学习空间，如学习角、实验室、图书馆等，为学生提供丰富的学习资源和实践机会。学习空间的设计应符合学生的学习需求，促进自主学习和合作学习。

2. 信息技术的应用

通过信息技术的应用，提供在线学习平台、虚拟实验室、电子图书馆等，为学生提供丰富的学习资源和工具。信息技术的应用有助于提升学习效果，促进个性化学习和探究学习。

（四）多元评价体系的构建

1. 过程评价与结果评价结合

构建多元评价体系，结合过程评价和结果评价，全面反映学生的学习过程和成果。教师应通过观察、记录、反馈等方式，了解学生的学习情况，提供及时的指导和支持。

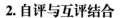
2. 自评与互评结合

鼓励学生进行自评和互评，了解自己的学习进展和成果，发现问题并及时调整学习策略。教师应提供反馈和指导，帮助学生不断提升。

（五）教师角色的转变

1. 学习指导者与促进者

在以学生为中心的教学模式中，教师的角色从知识传授者转变为学习指导者和促进者。教师应引导学生自主学习，提供适当的指导和支持，帮助学生解决学习中的问题。

2. 反思与自我提升

教师应不断反思自己的教学实践，发现不足和改进方法。通过参加专业培训和继续教育，提升自己的专业素养和教学能力，适应以学生为中心的教学模式的要求。

四、以学生为中心的教学模式的实施效果

1. 提升学生的学习主动性和参与度

以学生为中心的教学模式，通过尊重学生的个体差异和自主学习需求，激发了学生的学习兴趣和积极性。学生在自主学习、探究学习和合作学习中，主动参与学习过程，提升了学习效果。

2. 培养学生的综合能力和创新能力

以学生为中心的教学模式，通过个性化学习、探究式学习和项目式学习，培养了学生的综合能力和创新能力。学生在解决实际问题的过程中，提升了批判性思维、问题解决能力、团队合作能力和沟通能力。

3. 提高学生的自我认知和学习能力

以学生为中心的教学模式，通过反思性学习和多元评价，帮助学生提高了

自我认知和学习能力。学生在学习过程中，不断反思和总结，发现不足和改进方法，提升了自我管理和自主学习能力。

4. 增强学生的团队合作精神和社会责任感

以学生为中心的教学模式，通过小组合作学习和项目式学习，增强了学生的团队合作精神和社会责任感。学生在合作学习中，学会了分工合作、互助互学，提升了团队合作能力和社会责任感。

五、以学生为中心的教学模式的挑战与对策

1. 教师专业素养的提升

以学生为中心的教学模式，对教师的专业素养提出了更高的要求。教师需要不断提升自己的专业素养，掌握新的教育理念和教学方法。学校应提供系统的教师培训和继续教育机会，帮助教师更新知识、提升能力，适应以学生为中心的教学模式的要求。

2. 教学资源的优化配置

以学生为中心的教学模式，需要充足的教学资源和技术支持。政府和学校应加大教育投入，改善办学条件，提供充足的教育资源，特别是要关注边远和贫困地区的教育资源配置，促进教育公平，确保每个学生都能享受到优质的教育。

3. 评价体系的完善

以学生为中心的教学模式，需要完善的评价体系。评价应注重多元评价，关注学生的全面发展。评价应包括过程评价、项目评价、自评和互评等多种形式，全面反映学生的学习过程和发展水平。

4. 家校合作与社会支持

家庭和社会的支持对于以学生为中心的教学模式的实施至关重要。学校应加强与家长的沟通与合作，共同关注学生的成长和发展。社会各界应积极参与和支持教育事业，共同营造良好的教育环境。

以学生为中心的教学模式作为新时代教育理念的核心之一，其目的是通过尊重学生的个体差异和自主学习需求，构建灵活、多样的教学模式，促进学生的全面发展。通过个性化学习、探究式学习、合作学习、反思性学习等策略，结合丰富的学习资源、多元的评价体系和信息技术的应用，可以有效提升学生的学习主动性、参与度和学生的综合素质。教师、学校、家庭和社会各界应共同努力，为学生创造良好的学习环境，推动以学生为中心的教学模式的广泛应用和深入发展，为培养适应新时代需求的高素质创新型人才奠定坚实基础。

第五节 教育理念更新中的问题与对策

教育理念的更新是教育改革的重要组成部分，它不仅反映了社会对人才培养的新需求，也引导着教育实践的创新和变革。然而，在教育理念更新过程中，也面临着诸多问题和挑战。以下将详细分析教育理念更新中的主要问题，并提出相应的对策。

一、教育理念更新中的主要问题

1. 教育理念的滞后性

尽管教育理念不断更新，但在实际教育实践中，许多教师和学校仍然受到传统教育观念的影响。传统的应试教育和知识传授模式在一些地区和学校依然占据主导地位，阻碍了现代教育理念的实施和推广。

2. 教师专业素养不足

教师是教育理念更新的关键执行者。然而，部分教师在专业素养和教育理念方面存在不足，对新的教育理念理解不深、掌握不够，难以在教学中有效实施。此外，教师的职业发展和培训体系也存在不完善之处，导致教师专业素养提升缓慢。

3. 教育资源配置不均衡

教育资源配置不均衡是制约教育理念更新的重要因素之一。发达地区和优质学校在教育资源、师资力量、设施设备等方面具有明显优势，而欠发达地区和薄弱学校则面临资源短缺的问题，难以有效落实新的教育理念。

4. 评价体系的局限性

现行的评价体系仍以考试成绩为主，忽视了学生的综合素质和创新能力的发展。这种单一的评价方式与教育理念更新的目标不一致，影响了教育改革的深入推进。许多学校和教师在实际教学中依然以考试成绩为导向，难以真正落实素质教育和创新教育的理念。

5. 家庭和社会观念的滞后

家庭和社会对教育的认识和观念也在一定程度上影响着教育理念的更新。许多家长仍然重视学生的学业成绩，忽视学生的全面发展和个性化需求。社会对教育的期望和要求也存在偏差，影响了学校和教师对现代教育理念的认同和实践。

二、教育理念更新的对策

（一）加强教育理念的宣传和推广

1. 政策引导

政府应通过制定和实施相关政策，推动现代教育理念的宣传和推广。在教育政策和法规中明确教育理念更新的目标和要求，为教育改革提供制度保障。

2. 社会宣传

通过媒体、宣传册、讲座等多种形式，向社会公众宣传现代教育理念，提高全社会对教育理念更新的认识和理解。通过教育宣传活动，引导家长和社会各界树立正确的教育观念，支持和参与教育改革。

3. 学校引导

学校作为教育理念更新的主阵地，应积极开展教育理念的宣传和培训活动。通过校内讲座、培训班、教学研讨会等形式，帮助教师深入理解和掌握现代教育理念，提高其教育理念水平。

（二）提升教师专业素养

1. 加强教师培训

教育主管部门和学校应制定系统的教师培训计划，提升教师的专业素养和教育理念水平。培训内容应包括现代教育理念、教学方法创新、教育技术应用等，帮助教师不断更新知识、提升能力。

2. 完善职业发展体系

完善教师职业发展体系，为教师提供多样化的职业发展路径和机会。通过建立教师职称评定、职业晋升、奖励机制等，激励教师不断提升自己的专业素养和教育理念水平。

3. 建立教师学习共同体

通过建立教师学习共同体，促进教师之间的交流与合作。教师可以在共同体中分享教学经验，探讨教育理念，开展教学研究，共同提升教育水平。

（三）优化教育资源配置

1. 加大教育投入

政府应加大对教育的投入，特别是对欠发达地区和薄弱学校的支持。通过财政转移支付、专项资金等方式，改善学校办学条件，提升教育资源配置水平，缩小区域和校际间的教育差距。

2. 推进教育公平

推进教育公平，确保每个学生都能享受到优质的教育资源。通过政策倾斜和资源支持，提升农村和贫困地区的教育水平，实现教育资源的均衡配置。

3. 促进校际合作

通过校际合作与资源共享，促进优质教育资源的流动和共享。建立城乡学校结对帮扶机制，开展教师交流、学生互访、资源共享等活动，提升薄弱学校的教育水平。

（四）改革评价体系

1. 多元评价

构建多元评价体系，注重学生的全面发展和个性化需求。评价应包括过程评价、项目评价、自评和互评等多种形式，全面反映学生的学习过程和发展水平。

2. 综合素质评价

强化综合素质评价，关注学生的德、智、体、美、劳等全面素质的发展。评价应注重学生的学习能力、创新能力、实践能力和社会责任感等，推动学生全面发展。

3. 探索新的评价方式

探索新的评价方式，如基于大数据的学习分析、电子档案袋评价、基于项目的学习成果展示等。通过多样化的评价方式，提升评价的科学性和有效性，促进教育理念的更新和落实。

（五）加强家庭和社会的支持

1. 家庭教育指导

学校应加强对家长的教育指导，帮助家长树立正确的教育观念，支持和参与教育改革。通过家长会、家长学校、家庭教育讲座等形式，提升家长的教育水平，促进家校合作，共同推动教育理念的更新。

2. 社会参与和支持

社会各界应积极参与和支持教育事业，共同营造良好的教育环境。通过企业捐助、社会组织参与、志愿者服务等多种形式，为教育理念的更新和教育改革提供支持和保障。

3. 多方协同合作

教育理念更新需要政府、学校、家庭和社会的多方协同合作。通过建立多方合作机制，共同推动教育理念的宣传和落实，实现教育质量的提升和学生的全面发展。

三、教育理念更新的案例分析

（一）芬兰的教育改革

芬兰的教育改革以其高质量和创新性著称，成为全球教育的典范。芬兰的教育理念强调学生的个性化发展和自主学习，注重培养学生的创新能力和社会责任感。通过课程改革、教学方法创新、评价体系改革等，芬兰成功实现了教育理念的更新和教育质量的提升。

1. 课程改革

芬兰的课程改革注重学生的个性化发展和综合素质的培养。课程设置灵活多样，涵盖丰富的选修课和综合实践课，满足学生的多样化需求。

2. 教学方法创新

芬兰的教学方法注重探究式学习和项目式学习，鼓励学生自主学习和合作学习。教师在教学中扮演指导者和促进者的角色，引导学生进行探究和实践。

3. 评价体系改革

芬兰的评价体系注重过程评价和多元评价，关注学生的全面发展和个性化需求。评价方式多样化，结合学生的实际情况，提供及时的反馈和指导。

（二）新加坡的教育创新

新加坡的教育改革注重实践与理论的结合，强调学生的全面发展和国际化视野。新加坡的学校在课程设置、教学方法、评价体系等方面进行了全面创新，取得了显著成效。

1. 课程设置

新加坡的课程设置注重跨学科知识的整合，增加综合实践课程和创新课程，促进学生的全面发展和创新能力的培养。

2. 教学方法

新加坡的教学方法注重项目式学习和探究式学习，鼓励学生自主学习和合作学习。教师在教学中积极采用多样化的教学方法，提升学生的学习兴趣和学习效果。

3. 评价体系

新加坡的评价体系注重综合素质评价，关注学生的全面发展。评价方式多样化，结合过程评价、项目评价、自评和互评等多种形式，全面反映学生的学习过程和发展水平。

四、教育理念更新的未来展望

1. 深化教育改革

未来，教育理念的更新需要进一步深化教育改革。通过深化课程改革、教学方法创新、评价体系改革等，推动教育质量的提升和学生的全面发展。

2. 提升教师专业素养

未来，需要进一步提升教师的专业素养，帮助教师掌握新的教育理念和教学方法。通过系统的教师培训和继续教育，提升教师的专业素养和教育理念水平，适应新时代教育的要求。

3. 优化教育资源配置

未来，需要进一步优化教育资源配置，特别是对欠发达地区和薄弱学校的支持。通过加大教育投入、推进教育公平、促进校际合作等，提升教育资源配置水平，实现教育的均衡发展。

4. 加强家校合作与社会支持

未来，需要进一步加强家校合作与社会支持，促进教育理念的更新和落实。通过家庭教育指导、社会参与和支持、多方协同合作，共同推动教育质量的提升和学生的全面发展。

教育理念的更新是教育改革的重要组成部分，也是提升教育质量和促进学生全面发展的关键。然而，在教育理念更新过程中，面临着诸多问题和挑战。通过加强教育理念的宣传和推广、提升教师专业素养、优化教育资源配置、改革评价体系、加强家校合作与社会支持等对策，可以有效推动教育理念的更新和落实，实现教育质量的提升和学生的全面发展。未来，需要进一步深化改革，创新实践，共同推动教育事业的发展，为培养适应新时代需求的高素质创新型人才奠定坚实基础。

第四章 提升专业素养与教育基础夯实

第一节 专业知识结构的完善与更新

在当今快速变化的全球化和信息化背景下，教育领域面临着前所未有的挑战和机遇。教师作为教育的核心主体，其专业知识结构的完善与更新显得尤为重要。这不仅关系到教育质量的提升，还直接影响到学生的全面发展和创新能力的培养。以下从专业知识结构的现状、完善与更新的重要性、具体策略和实践案例等多个方面，详细探讨如何提升教师的专业知识结构。

一、专业知识结构的现状分析

（一）传统知识结构的局限性

1. 知识更新速度慢

许多教师的知识结构仍停留在传统教育体系中，未能及时更新和拓展。随着科技和社会的发展，新知识不断涌现，传统知识结构难以满足现代教育的需求。

2. 学科知识的孤立性

传统教育强调学科知识的系统性和完整性，但往往忽视了学科之间的联系。教师在知识传授过程中，过于强调学科界限，缺乏跨学科知识的整合和应用能力。

3. 实践能力不足

部分教师在知识传授上具有一定优势，但在实际应用和实践能力方面存在不足。尤其是在面对新的教育技术和教学方法时，缺乏灵活运用和创新实践的能力。

（二）新时代对专业知识结构的要求

1. 多元化和综合化

现代教育要求教师具备多元化和综合化的知识结构，不仅要掌握本学科的知识，还要了解相关学科和跨学科知识，能够综合运用不同领域的知识进行教学。

2. 前沿性和实用性

教师的专业知识结构应紧跟时代发展，具备前沿性和实用性。需要不断学习和更新最新的科技发展、教育理论和教学方法，能够将前沿知识应用于教学实践中。

3. 创新性和适应性

教师应具备创新性和适应性，能够根据教育环境的变化和学生的需求，灵活调整和优化知识结构，不断创新教学方法，提升教学效果。

二、专业知识结构完善与更新的重要性

（一）提升教育质量

1. 促进教学创新

教师专业知识结构的完善与更新，有助于促进教学创新。通过掌握和应用新的教育理论和教学方法，教师能够设计出更加生动、有效的教学活动，提高学生的学习兴趣和积极性。

2. 优化教学内容

教师通过更新专业知识结构，能够及时引入最新的学科前沿知识和实践成果，优化教学内容，提高教学的科学性和实效性，促进学生全面发展。

3. 提升课堂效果

教师具备完善和更新的专业知识结构，能够更加灵活地应对课堂中的各种情况，提升课堂管理和教学效果。学生在课堂上能够获得更好的学习体验，提

升学习效果。

（二）适应时代发展

1. 应对教育技术变革

现代教育技术的发展，对教师的专业知识结构提出了新的要求。教师需要掌握和运用各种现代教育技术，如信息技术、多媒体技术、人工智能等，提高教学的现代化水平。

2. 满足学生多样化需求

现代学生的学习需求多样化，教师需要具备多元化的知识结构，能够满足不同学生的学习需求，提供个性化的教育服务，促进学生全面发展。

3. 应对社会变革与挑战

社会的快速变革和发展，对教育提出了新的挑战。教师需要不断更新专业知识结构，提升自身的适应能力和应变能力，培养学生适应未来社会的能力。

（三）促进教师专业发展

1. 提升职业认同感和幸福感

教师通过不断完善和更新专业知识结构，能够提升自身的职业认同感和幸福感。不断学习和进步的过程，使教师获得成就感和满足感，提高职业幸福感。

2. 拓展职业发展路径

教师通过更新专业知识结构，能够拓展职业发展路径。掌握新的知识和技能，有助于教师在职业生涯中获得更多的发展机会和晋升空间，实现个人职业目标。

3. 提升教育科研能力

教师通过完善和更新专业知识结构，能够提升教育科研能力。掌握最新的教育理论和研究方法，教师能够开展高水平的教育科研活动，为教育实践提供科学指导。

三、专业知识结构完善与更新的具体策略

（一）通过继续教育和培训

1. 系统化培训

教育主管部门和学校应制定系统的教师培训计划，为教师提供丰富的学习机会。培训内容应包括学科知识更新、教育技术应用、教学方法创新等，帮助教师不断完善和更新专业知识结构。

2. 多样化培训形式

培训形式应多样化，既包括集中培训、讲座、工作坊等传统培训形式，也包括在线学习、远程教育等现代培训方式。教师可以根据自己的需求和时间安排，选择适合的培训形式。

3. 国际交流与学习

鼓励教师参加国际交流与学习，了解和借鉴国外先进的教育理念和教学方法。通过国际交流，拓宽教师的视野，提升其专业知识结构的前沿性和国际化水平。

（二）通过校本教研和实践

1. 校本教研活动

学校应组织校本教研活动，鼓励教师在校内开展教学研究和实践。通过集体备课、课堂观摩、教学反思等活动，促进教师之间的交流与合作，共同提升专业知识结构。

2. 实践反思与改进

教师在教学实践中不断反思和改进，不断完善和更新专业知识结构。通过课堂教学、实验教学、项目教学等实践活动，教师可以积累丰富的教学经验，提升专业能力。

3. 专业学习共同体

通过建立专业学习共同体，促进教师之间的学习和合作。教师可以在共同体中分享教学经验、探讨教育理念、开展教学研究，共同提升专业知识结构。

（三）通过信息技术和在线学习

1. 在线课程与资源

教师可以利用在线课程和资源，不断学习和更新专业知识。通过参加在线课程、观看教学视频、阅读电子书等，教师可以随时随地获取最新的学科知识和教育理论。

2. 学习管理系统

学校可以建立学习管理系统，为教师提供在线学习平台和资源库。教师可以通过学习管理系统，进行自主学习、在线交流和资源共享，不断完善和更新专业知识结构。

3. 虚拟学习社区

通过建立虚拟学习社区，促进教师之间的在线交流和合作。教师可以在虚拟学习社区中分享学习资源、探讨教学问题、开展在线研讨，共同提升专业知识结构。

（四）通过教育科研与创新

1. 教育科研项目

教师可以参与教育科研项目，通过科研活动提升专业知识结构。学校应支持教师开展教育科研活动，为其提供科研经费和资源，鼓励教师在科研中不断学习和创新。

2. 教育创新实验

教师可以开展教育创新实验，通过实验教学、创新项目等活动，提升专业知识结构。学校应支持教师进行教育创新实验，为其提供实验条件和资源，鼓励教师在实践中不断创新。

3. 学术交流与合作

教师可以通过学术交流与合作，不断更新和完善专业知识结构。通过参加学术会议、发表学术论文、开展合作研究等方式，教师可以了解最新的学术动态，提升专业水平。

四、专业知识结构完善与更新的实践案例

1. 北京十一学校的教师培训

北京十一学校通过系统化的教师培训计划，不断提升教师的专业知识结构。学校定期组织集中培训、专题讲座、学术交流等活动，帮助教师了解和掌握最新的教育理念和教学方法。此外，学校还鼓励教师参加国际交流与学习，拓宽视野，提升专业水平。

2. 上海市的校本教研活动

上海市的许多学校通过开展校本教研活动，促进教师专业知识结构的完善与更新。学校组织教师进行集体备课、课堂观摩、教学反思等活动，促进教师之间的交流与合作。通过校本教研，教师不断积累教学经验，提升专业能力。

3. 浙江省的在线学习平台

浙江省通过建立在线学习平台，为教师提供丰富的学习资源和在线课程。教师可以通过在线学习平台，进行自主学习、在线交流和资源共享，不断完善和更新专业知识结构。在线学习平台的应用，大大提升了教师的学习效果和专业水平。

4. 新加坡的教育科研与创新

新加坡的许多学校鼓励教师参与教育科研和创新实验，不断提升专业知识结构。教师通过参与教育科研项目、开展教育创新实验，积累了丰富的教学经验，

提升了专业能力。学校还支持教师进行学术交流与合作，拓宽视野，提升专业水平。

五、结合当下时事的专业知识结构更新

（一）应对疫情的在线教育

1. 在线教学技术的掌握

新冠疫情期间，全球范围内的教育机构都面临着转向在线教育的挑战。教师需要快速掌握在线教学技术，如视频会议软件、在线学习管理系统等，确保教学的连续性和质量。

2. 在线教学方法的创新

教师在在线教学中需要不断创新教学方法，提升学生的学习体验和效果。通过翻转课堂、混合式教学等方式，教师可以有效结合在线和线下教学，提升教学效果。

（二）人工智能与教育

1. 人工智能技术的应用

随着人工智能技术的发展，教育领域也开始广泛应用人工智能技术。教师需要了解和掌握人工智能技术的基本原理和应用方法，能够利用人工智能技术提升教学效果。

2. 智能教学系统的应用

教师可以利用智能教学系统，如智能辅导系统、智能评测系统等，提升教学的个性化和智能化水平。通过智能教学系统，教师可以为学生提供个性化的学习指导和评估，提升学习效果。

（三）全球化与国际教育

1. 国际教育理念的理解

在全球化背景下，教师需要了解和掌握国际教育理念，能够在教学中融入国际化视野。通过学习和借鉴国际先进的教育理念和教学方法，教师可以提升教学的国际化水平。

2. 跨文化教育的实施

教师在教学中需要注重跨文化教育，帮助学生了解和尊重不同文化，提升跨文化交流能力。通过开展国际交流项目、跨文化课程等，教师可以提升学生的国际素养和全球视野。

教师专业知识结构的完善与更新是提升教育质量和促进学生全面发展的关键。在现代教育背景下，教师需要不断更新和完善专业知识结构，掌握最新的教育理念和教学方法，提升教学效果。通过继续教育和培训、校本教研和实践、信息技术和在线学习、教育科研与创新等多种途径，教师可以不断提升专业水平，适应新时代教育的要求。结合当前的时事背景，如疫情应对、人工智能应用、全球化与国际教育等，教师需要不断调整和优化知识结构，提升自身的适应能力和创新能力，为教育事业的发展贡献力量。

第二节 学术研究与课题实践的参与

在当前全球化、信息化迅速发展的背景下，教育领域的学术研究与课题实践变得越来越重要。学术研究与课题实践不仅能提升教师的专业素养，还能推动教育理念的更新、教学方法的改进和教育质量的提升。以下从学术研究与课题实践的现状、重要性、策略和实践案例等多个方面，详细探讨教师在这一领域的参与。

一、学术研究与课题实践的现状分析

（一）教师参与学术研究的现状

1. 参与度不均衡

当前教师参与学术研究的情况存在显著的不均衡。经济发达地区和重点学校的教师参与度较高，学术研究氛围浓厚；而在欠发达地区和普通学校，教师参与学术研究的机会和积极性相对较低。

2. 研究能力不足

许多教师在教学实践中积累了丰富的经验，但在学术研究能力方面相对薄弱。部分教师缺乏系统的研究方法和技巧，难以将实践经验转化为学术成果。

3. 资源支持有限

尽管一些地区和学校已经建立了教师学术研究支持体系，但整体来看，资源支持仍然不足。经费、时间和平台的限制，使得教师在开展学术研究和课题实践时面临诸多困难。

（二）教师参与课题实践的现状

1. 课题类型多样

教师参与的课题实践类型多样，涵盖教育教学改革、学生发展、课程建设等多个领域。部分教师积极参与国家和地方教育部门组织的课题研究，取得了一定的成果。

2. 实践效果差异

教师参与课题实践的效果存在较大差异。一些教师能够将课题研究与教学实践紧密结合，取得良好效果；而另一些教师则因为研究设计不合理或缺乏实施经验，难以达到预期效果。

3. 创新意识不足

教师在课题实践中普遍存在创新意识不足的问题。许多课题实践停留在表面，缺乏深入的探索和创新，导致研究成果的实用性和推广价值不高。

二、学术研究与课题实践的重要性

（一）促进教师专业发展

1. 提升专业素养

参与学术研究和课题实践，能够帮助教师系统化和理论化自己的教学经验，提升专业素养和学术水平。

2. 激发创新思维

学术研究和课题实践鼓励教师思考和解决教学中的实际问题，激发创新思维，推动教育理念和教学方法的创新。

3. 拓展职业发展路径

通过参与学术研究和课题实践，教师可以提升自己的学术地位，获得更多的职业发展机会，如职称评定、科研奖励等。

（二）推动教育改革与创新

1. 推动教育理念更新

学术研究和课题实践有助于推动教育理念的更新和发展，为教育改革提供理论支持和实践依据。

2. 改进教学方法

通过研究和实践，教师可以发现和总结有效的教学方法和策略，改进教学实践，提升教学效果。

3. 提升教育质量

学术研究和课题实践能够促进教育质量的提升，培养学生的创新能力和综合素质，满足新时代教育的需求。

（三）解决教育实际问题

1. 针对性解决问题

教师通过学术研究和课题实践，能够针对教育教学中的具体问题，提出科学合理的解决方案，提升教学效果。

2. 推动教育公平

学术研究和课题实践可以关注教育公平和弱势群体教育问题，通过研究和实践探索有效的解决途径，促进教育公平。

三、学术研究与课题实践的策略

（一）明确研究方向与目标

1. 结合实际需求

教师在选择学术研究和课题实践方向时，应结合实际教学需求和教育改革重点，选择具有实际意义和研究价值的课题。

2. 设定明确目标

教师在开展学术研究和课题实践时，应设定明确的研究目标和计划，确保研究工作的有序进行和预期成果的实现。

（二）强化研究方法与技能

1. 学习研究方法

教师应加强对教育研究方法的学习和掌握，了解并掌握常用的研究方法和技术，如问卷调查、实验研究、案例研究等。

2. 借鉴优秀成果

教师可以通过阅读学术论文、参加学术会议等方式，借鉴国内外优秀的研究成果和经验，提升自己的研究能力。

3. 参与学术培训

教育主管部门和学校应为教师提供学术培训机会，帮助教师提升研究能力和水平。通过系统的培训，教师可以掌握科学的研究方法和技巧，提高研究质量。

（三）提供资源支持与保障

1. 经费支持

教育主管部门和学校应为教师提供学术研究和课题实践的经费支持，确保教师在开展研究过程中不受经费限制。

2. 时间保障

学校应合理安排教师的工作时间，为其开展学术研究和课题实践提供时间保障，避免因教学任务繁重而影响研究工作。

3. 平台建设

学校应建设和完善学术研究和课题实践的平台，为教师提供交流、合作和展示研究成果的机会。通过建立学术研究中心、科研工作坊等，推动教师学术研究和课题实践的发展。

（四）促进交流与合作

1. 校际合作

鼓励学校之间开展校际合作，互相借鉴和学习，共同提升学术研究和课题实践水平。通过校际合作，教师可以拓宽研究视野，提升研究水平。

2. 学术交流

教师应积极参加学术交流活动，如学术会议、研讨会、论坛等，与同行进行交流和探讨，分享研究成果和经验，提升学术水平。

3. 跨学科合作

鼓励教师开展跨学科合作研究，结合不同学科的知识和方法，解决教育中的综合性问题。跨学科合作有助于提升研究的深度和广度，推动教育创新。

四、学术研究与课题实践的创新思维

（一）探索前沿研究课题

1. 关注教育技术应用

当前，教育技术的发展对教学模式和方法产生了深远影响。教师可以探索教育技术在教学中的应用，如人工智能、大数据、虚拟现实等，提升教学效果。

2. 研究学生个性化学习

个性化学习是未来教育的重要方向。教师可以研究如何根据学生的个性特点和学习需求，提供个性化的教学服务，促进学生的全面发展。

3. 探讨跨学科教学

跨学科教学有助于培养学生的综合素质和创新能力。教师可以研究跨学科教学的方法和策略，探索跨学科知识的整合和应用。

（二）创新研究方法与手段

1. 应用混合研究方法

教师在开展学术研究和课题实践时，可以应用混合研究方法，将定量研究与定性研究相结合，提升研究的科学性和全面性。

2. 利用信息技术工具

教师可以利用信息技术工具，如在线调查工具、数据分析软件、虚拟实验平台等，提升研究效率和质量。

3.实施行动研究

行动研究是一种结合实践与研究的方法，教师可以在教学实践中实施行动研究，通过不断反思和改进，提升教学效果和研究水平。

（三）融入社会热点与实际问题

1.关注社会发展热点

教师在选择研究课题时，可以关注社会发展热点，如可持续发展、社会公平、健康教育等，将这些热点问题融入教育研究，提升研究的社会价值和实际意义。

2.解决实际教育问题

教师在开展学术研究和课题实践时，应关注实际教育问题，如教育公平、教育资源配置、学生心理健康等，通过研究提出科学合理的解决方案，推动教育发展。

（四）推动研究成果的转化与应用

1.实践成果推广

教师在开展课题实践时，应注重研究成果的推广和应用。通过撰写研究报告、发表学术论文、参与教学实践等方式，将研究成果转化为实际教学效果。

2.建立研究推广平台

学校和教育主管部门应建立研究推广平台，为教师提供研究成果展示和推广的机会。通过建立教育科研网站、出版教育科研期刊、组织教育科研展览等，推动研究成果的转化和应用。

3.开展教师培训

学校应组织教师培训活动，将优秀的研究成果和实践经验分享给其他教师，促进研究成果的广泛应用和推广。通过培训，提升全体教师的专业素养和教学

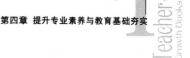

水平。

五、学术研究与课题实践的实践案例

1.北京师范大学附属中学的教育科研实践

北京师范大学附属中学通过系统的教育科研实践，提升了教师的专业素养和学术水平。学校建立了教育科研中心，提供丰富的科研资源和平台，鼓励教师参与学术研究和课题实践。通过开展课题研究、组织学术交流、撰写学术论文等，教师不断提升专业素养，推动教育创新。

2.上海市育才中学的课题实践

上海市育才中学通过实施教育课题实践，推动教育改革和教学创新。学校组织教师开展跨学科课题研究，探索跨学科教学的方法和策略。通过课题实践，教师在教学中应用新的教育理念和教学方法，提升了教学效果和学生的综合素质。

3.浙江省杭州外国语学校的信息技术应用研究

浙江省杭州外国语学校通过信息技术应用研究，提升了教学的现代化水平。学校组织教师研究信息技术在教学中的应用，如在线教学平台、虚拟实验室、智能辅导系统等。通过研究，教师掌握了现代教育技术的应用方法，提升了教学效果。

4.深圳市南山区实验学校的个性化学习研究

深圳市南山区实验学校通过个性化学习研究，推动了个性化教育的发展。学校组织教师研究个性化学习的方法和策略，探索根据学生的个性特点和学习需求提供个性化教学服务。通过研究，教师在教学中应用个性化教学方法，促进了学生的全面发展。

六、结合当下热点的学术研究与课题实践

（一）新冠疫情下的在线教育研究

1. 在线教学模式的探索

新冠疫情期间，全球范围内的教育机构纷纷转向在线教育。教师可以研究在线教学模式的有效性，探索如何提升在线教学效果，确保教学质量。

2. 学生在线学习行为研究

教师可以研究学生在在线学习中的行为特点和学习效果，探讨如何提升学生的在线学习积极性和自主学习能力。

3. 在线教学技术的应用

教师可以研究各种在线教学技术的应用效果，如视频会议软件、在线学习管理系统、虚拟实验平台等，探索如何利用现代技术提升教学效果。

（二）人工智能与教育研究

1. 智能辅导系统的应用

教师可以研究智能辅导系统在教学中的应用，探索如何利用人工智能技术为学生提供个性化的学习指导和评估，提升教学效果。

2. 教育数据分析与应用

教师可以研究教育数据分析的方法和应用，利用大数据技术分析学生的学习行为和学习效果，提供科学的教学决策支持。

3. 人工智能技术的教育应用

教师可以研究人工智能技术在教育中的应用，如智能评测、智能推荐、虚拟教师等，探索如何利用人工智能技术提升教育质量。

（三）全球化与国际教育研究

1. 国际教育理念的应用

教师可以研究国际教育理念的应用，探索如何在教学中融入国际化视野，

提升学生的国际素养和全球视野。

2. 跨文化教育研究

教师可以研究跨文化教育的方法和策略，探索如何通过跨文化课程、国际交流项目等提升学生的跨文化交流能力和国际理解能力。

3. 国际教育交流与合作

教师可以研究国际教育交流与合作的模式和效果，探索如何通过国际交流与合作提升教育质量，推动教育创新。

学术研究与课题实践是提升教师专业素养、推动教育改革与创新的重要途径。在现代教育背景下，教师需要不断参与学术研究和课题实践，提升专业能力，推动教育质量的提升。通过明确研究方向与目标、强化研究方法与技能、提供资源支持与保障、促进交流与合作，教师可以不断提升学术水平，推动教育创新。结合当前的社会热点，如新冠疫情下的在线教育、人工智能与教育、全球化与国际教育等，教师可以探索前沿研究课题，创新研究方法与手段，推动研究成果的转化与应用，为教育事业的发展贡献力量。

第三节 教学技能与课堂管理能力的提升

在现代教育环境下，教师的教学技能和课堂管理能力直接影响着教学质量和学生的学习效果。随着教育技术的发展和教育理念的更新，教师需要不断提升自己的教学技能和课堂管理能力，以适应新时代的教育需求。以下从教学技能、课堂管理能力的现状、提升策略和具体实践等多个方面，详细探讨教师如何提升这些关键能力。

一、教学技能的现状分析

（一）传统教学技能的局限性

1. 单向知识传授

传统的教学技能主要集中在教师讲授和学生听讲的单向知识传授模式上。这种模式下，学生的主动参与和互动较少，难以激发学生的学习兴趣和积极性。

2. 教学方法单一

许多教师依赖于传统的讲授法和板书法，缺乏多样化的教学方法和手段。教学方法单一，无法满足不同学生的学习需求，难以适应现代教育的要求。

3. 缺乏现代教育技术应用

部分教师对现代教育技术的掌握和应用不足，无法有效利用信息技术和多媒体手段提升教学效果。传统的教学技能难以与现代教育技术相结合，限制了教学的创新和发展。

（二）新时代对教学技能的要求

1. 互动性与参与性

现代教学技能要求教师能够设计和实施互动性强、参与度高的教学活动，激发学生的学习兴趣和积极性。通过多样化的教学方法和手段，提升学生的参与度和学习效果。

2. 多样化与个性化

教师需要掌握多样化的教学方法，能够根据学生的个性特点和学习需求，提供个性化的教学服务。现代教学技能要求教师能够灵活运用不同的教学策略，满足学生的多样化需求。

3. 教育技术应用能力

随着教育技术的发展，教师需要掌握和应用各种现代教育技术，如多媒体教学、在线教学、虚拟现实等，提升教学的现代化水平。现代教学技能要求教师能够利用教育技术，创新教学方法，提高教学效果。

二、课堂管理能力的现状分析

（一）传统课堂管理的局限性

1. 控制性管理模式

传统的课堂管理模式以教师的控制和学生的服从为主，强调纪律和秩序，忽视了学生的自主性和创造性。控制性管理模式容易导致学生的被动学习和课堂气氛的紧张。

2. 忽视学生个体差异

传统的课堂管理往往忽视学生的个体差异，采用统一的管理策略，无法满足不同学生的需求。忽视个体差异的管理模式容易导致学生的学习压力和行为问题。

3. 管理手段单一

传统的课堂管理手段单一，主要依靠惩罚和奖励来维持课堂秩序，缺乏多样化和灵活的管理策略。单一的管理手段难以适应现代教育的多样化需求，影响课堂管理效果。

（二）新时代对课堂管理能力的要求

1. 自主性与民主性

现代课堂管理强调学生的自主性和民主性，教师应尊重学生的个体差异和自主需求，鼓励学生参与课堂管理，提升学生的自我管理能力和责任感。

2. 积极性与激励性

现代课堂管理要求教师能够采用积极性和激励性的管理策略，通过鼓励和支持，激发学生的学习积极性和参与热情。积极性和激励性的管理策略有助于营造良好的课堂氛围，提升课堂管理效果。

3. 多样化与灵活性

现代课堂管理要求教师能够采用多样化和灵活的管理策略，根据不同的课堂情境和学生特点，灵活调整管理手段，提升课堂管理的适应性和有效性。

三、教学技能的提升策略

（一）应用多样化的教学方法

1. 探究式学习

探究式学习强调学生通过自主探究和问题解决来建构知识。教师应设计有挑战性和实际意义的问题，激发学生的好奇心和求知欲，通过探究活动提升学生的学习效果。

2. 项目式学习

项目式学习通过实际项目的设计和实施，培养学生的综合能力和创新能力。教师应设计具有实际意义的项目，鼓励学生小组合作，解决实际问题，提升学生的学习体验和实践能力。

3. 合作学习

合作学习通过小组合作和分工合作，提升学生的团队合作能力和沟通能力。教师应组织学生进行小组合作学习，鼓励学生互相帮助，共同完成学习任务，提升学习效果。

4. 翻转课堂

翻转课堂通过课前 9/8 自主学习和课堂互动，提升学生的学习主动性和参与度。教师应设计翻转课堂的教学环节，通过视频、在线资源等，帮助学生在课前掌握基础知识，在课堂上进行互动和实践，提升学习效果。

（二）运用现代教育技术

1. 多媒体教学

多媒体教学通过图像、声音、动画等多种媒体手段，提升教学的生动性和吸引力。教师应掌握多媒体教学的基本技能，利用多媒体技术制作和展示教学内容，提升学生的学习兴趣和学习效果。

2. 在线教学

在线教学通过网络平台和在线资源，为学生提供灵活的学习方式。教师应掌握在线教学的基本技能，利用在线教学平台进行教学设计、实施和评价，提升教学的现代化水平。

3. 虚拟现实技术

虚拟现实技术通过虚拟环境和模拟体验，提升教学的互动性和沉浸感。教师应了解和掌握虚拟现实技术的应用方法，利用虚拟现实技术设计和实施教学活动，提升学生的学习体验和实践能力。

4. 人工智能技术

人工智能技术通过智能辅导、智能评测等手段，提升教学的个性化和智能化水平。教师应了解和掌握人工智能技术的应用方法，利用人工智能技术为学生提供个性化的学习指导和评估，提升学习效果。

（三）结合学生特点设计教学活动

1. 根据学生兴趣设计活动

教师应了解学生的兴趣爱好，根据学生的兴趣设计教学活动，激发学生的学习热情和积极性。通过兴趣导向的教学活动，提升学生的学习体验和学习效果。

2. 结合学生实际设计活动

教师应了解学生的实际情况，包括学习水平、个性特点、背景知识等，根据学生的实际情况设计教学活动，确保教学活动的适应性和实效性。

3. 多样化的教学活动设计

教师应设计多样化的教学活动，满足不同学生的学习需求。通过小组讨论、实验操作、案例分析等多种形式的教学活动，提升学生的参与度和学习效果。

四、课堂管理能力的提升策略

（一）构建积极的课堂氛围

1. 建立良好的师生关系

良好的师生关系是课堂管理的基础。教师应尊重和关心每个学生，建立平等、信任的师生关系，营造积极的课堂氛围，提升学生的学习积极性和课堂参与度。

2. 营造民主的课堂环境

民主的课堂环境有助于提升学生的自我管理能力和责任感。教师应鼓励学生参与课堂管理，尊重学生的意见和建议，共同制定课堂规则，提升学生的自主性和责任感。

3. 应用积极的管理策略

教师应采用积极的管理策略，通过鼓励和支持，激发学生的学习积极性和参与热情。积极的管理策略有助于提升课堂管理效果，营造良好的课堂氛围。

（二）采用多样化的管理手段

1. 灵活调整管理策略

教师应根据不同的课堂情境和学生特点，灵活调整管理策略，提升课堂管理的适应性和有效性。灵活的管理策略有助于应对课堂中的各种情况，提升课堂管理效果。

2. 结合个体差异进行管理

教师应了解和尊重学生的个体差异，根据不同学生的特点，采用差异化的管理手段，满足不同学生的需求。结合个体差异进行管理，有助于提升课堂管理的针对性和实效性。

3. 利用现代管理工具

教师可以利用现代管理工具，如在线管理平台、行为管理软件等，提升课堂管理的效率和效果。现代管理工具有助于教师实时监控和管理学生行为，提升课堂管理水平。

（三）提升学生自我管理能力

1. 培养学生自律意识

教师应通过教学和管理，培养学生的自律意识，提升学生的自我管理能力。自律意识的培养有助于学生在课堂上主动遵守规则，提升课堂管理效果。

2. 引导学生参与课堂管理

教师应鼓励学生参与课堂管理，通过小组合作、班级管理等方式，提升学生的自我管理能力和责任感。学生参与课堂管理，有助于提升课堂管理的民主性和有效性。

3. 提供管理技巧和方法

教师应向学生提供有效的管理技巧和方法，帮助学生提升自我管理能力。通过教学和指导，教师可以帮助学生掌握时间管理、任务管理、行为管理等技能，提升课堂管理效果。

教学技能和课堂管理能力是教师专业素养的重要组成部分，直接影响着教学质量和学生的学习效果。在现代教育环境下，教师需要不断提升自己的教学技能和课堂管理能力，以适应新时代的教育需求。通过应用多样化的教学方法，运用现代教育技术，结合学生特点设计教学活动，构建积极的课堂氛围，采用多样化的管理手段和提升学生自我管理能力，教师可以不断提升自己的教学技能和课堂管理能力，推动教育质量的提升和学生的全面发展。结合当前的社会热点，如在线教育、虚拟现实、人工智能等，教师可以探索前沿教学方法和管理策略，创新教学实践，提升教育质量，为教育事业的发展贡献力量。

第四节 心理素质与职业道德的培养

在教育领域，教师的心理素质和职业道德是影响教育质量和学生发展的关键因素。教师不仅是知识的传授者，更是学生人格和道德的引领者。优良的心理素质和高尚的职业道德能够帮助教师更好地应对教学中的各种挑战，塑造积极的教学环境，促进学生全面发展。以下从心理素质与职业道德的现状、重要性、培养策略和具体实践等多个方面，详细探讨教师如何提升这些关键素养。

一、心理素质的现状与重要性

（一）教师心理素质的现状

1. 工作压力大

许多教师面临着繁重的工作压力，包括备课、授课、批改作业、家校沟通等多项任务。长期的高强度工作容易导致教师心理疲劳和倦怠。

2. 情绪管理能力不足

部分教师在情绪管理方面存在不足，容易在面对学生的行为问题或教学中的突发情况时感到烦躁和无助。情绪管理能力不足可能影响教学效果和师生关系。

3. 职业认同感不高

一些教师对自身职业的认同感不高，缺乏职业成就感和幸福感。这可能与社会对教师职业的认知、待遇以及职业发展前景等因素有关。

（二）心理素质的重要性

1. 提升教学效果

良好的心理素质能够帮助教师保持积极的心态，以饱满的热情投入到教学中，提升教学效果。心理健康的教师更能创造出一个积极向上的课堂氛围，激发学生的学习兴趣和主动性。

2.促进师生关系

教师的心理素质直接影响师生关系。心理素质良好的教师能够更好地理解和回应学生的需求，与学生建立信任和尊重的关系，有助于学生的心理健康和人格发展。

3.应对教学挑战

教学过程中不可避免地会遇到各种挑战和压力，如学生的行为问题、家长的高期望、教育改革带来的变化等。良好的心理素质能够帮助教师更从容地应对这些挑战，保持职业稳定性。

二、职业道德的现状与重要性

（一）教师职业道德的现状

1.职业道德意识不均衡

虽然大多数教师具备较高的职业道德，但在某些地区或学校，部分教师的职业道德意识仍有待加强。职业道德意识的差异可能导致教育质量的不均衡。

2.职业道德行为不规范

在实际教学中，个别教师可能出现职业道德行为不规范的情况，如体罚学生、教学不负责任、学术不端等。这些行为不仅损害了教师的形象，也影响了学生的健康成长。

（二）职业道德的重要性

1.树立教师形象

教师的职业道德是社会对教师评价的重要标准之一。高尚的职业道德有助于树立教师的良好形象，赢得社会的尊重和信任。

2. 保障学生权益

教师的职业道德直接关系到学生的权益。职业道德高的教师能够公平、公正地对待每一个学生，保障学生的身心健康和全面发展。

3. 提升教育质量

职业道德高的教师更能严于律己，认真履行教学职责，不断提升自身的教学水平和教育质量。职业道德是教师专业发展的基石。

三、心理素质与职业道德的培养策略

（一）提升教师心理素质的策略

1. 心理健康教育

教育主管部门和学校应定期开展心理健康教育，为教师提供心理健康知识和技能培训。通过心理健康讲座、心理辅导工作坊、心理健康课程等形式，提升教师的心理健康意识和自我调节能力。

2. 心理支持系统

建立教师心理支持系统，为教师提供心理咨询和辅导服务。学校可以设立心理咨询室，配备专业的心理咨询师，为教师提供个性化的心理支持，帮助教师应对工作压力和心理困扰。

3. 工作环境优化

改善教师的工作环境，减轻教师的工作负担。学校应合理安排教学任务，提供必要的教学资源和支持，创造良好的工作条件，提升教师的职业幸福感。

4. 职业发展支持

为教师提供职业发展的机会和平台，提升教师的职业认同感和成就感。通过专业培训、进修学习、职称评定、职业晋升等途径，帮助教师实现职业发展目标，增强职业幸福感。

（二）培养教师职业道德的策略

1. 职业道德培训

教育主管部门和学校应定期开展职业道德培训，提升教师的职业道德意识和行为规范。通过职业道德讲座、案例分析、道德讨论等形式，增强教师的职业道德素养。

2. 职业道德规范

制定和完善教师职业道德规范，为教师提供明确的职业道德行为指引。学校应严格执行职业道德规范，定期开展职业道德考核和评估，确保教师遵守职业道德要求。

3. 道德榜样引领

发挥优秀教师的榜样作用，树立道德楷模。学校应表彰和宣传职业道德高尚的教师，通过榜样引领，激励其他教师学习和践行职业道德。

4. 道德教育渗透

在教师教育和培训过程中，渗透职业道德教育。师范院校应将职业道德教育纳入教师培养计划，通过课程教学、实践活动、社会服务等途径，培养未来教师的职业道德素养。

四、心理素质与职业道德培养的实践案例

1. 北京师范大学附属中学的教师心理健康支持计划

北京师范大学附属中学通过实施教师心理健康支持计划，提升了教师的心理素质。学校设立了心理咨询室，聘请专业心理咨询师为教师提供个性化的心理咨询和辅导服务。通过心理健康讲座、心理健康课程、心理辅导工作坊等形式，提升教师的心理健康意识和自我调节能力，帮助教师应对工作压力和心理困扰。

2. 上海市育才中学的职业道德培训项目

上海市育才中学通过职业道德培训项目，提升了教师的职业道德素养。学校定期开展职业道德讲座和案例分析，邀请专家学者讲解职业道德规范和行为要求。通过职业道德讨论和道德榜样引领，增强教师的职业道德意识和行为规范，确保教师遵守职业道德要求，树立良好的教师形象。

3. 浙江省杭州外国语学校的教师职业发展支持计划

浙江省杭州外国语学校通过实施教师职业发展支持计划，提升了教师的职业幸福感和认同感。学校为教师提供丰富的职业发展机会和平台，包括专业培训、进修学习、职称评定、职业晋升等。通过职业发展支持，帮助教师实现职业发展目标，增强职业幸福感，激发教师的工作热情和积极性。

4. 深圳市南山区实验学校的道德教育渗透实践

深圳市南山区实验学校在教师教育和培训过程中，渗透职业道德教育。学校将职业道德教育纳入教师培养计划，通过课程教学、实践活动、社会服务等途径，培养教师的职业道德素养。学校还表彰和宣传职业道德高尚的教师，通过榜样引领，激励其他教师学习和践行职业道德。

教师的心理素质和职业道德是影响教育质量和学生发展的关键因素。通过心理健康教育、心理支持系统、工作环境优化、职业发展支持等策略，可以提升教师的心理素质，帮助教师应对工作压力和心理困扰，保持积极的心态和教学热情。通过职业道德培训、职业道德规范、道德榜样引领、道德教育渗透等策略，可以提升教师的职业道德素养，确保教师遵守职业道德要求，树立良好的教师形象。结合实践案例，教师可以通过不断学习和实践，提升心理素质和职业道德素养，为教育事业的发展贡献力量。

第五节 专业素养提升的培训与实践

教师专业素养的提升是教育质量和学生发展不可或缺的关键因素。专业素养不仅包括教学技能、学科知识，还涵盖教育理念、教学方法、心理素质和职业道德等方面。通过系统的培训与实践，教师可以不断提升自身的专业素养，适应现代教育的需求。以下从专业素养提升的现状、重要性、培训策略、实践案例等多个方面，详细探讨教师如何通过培训与实践提升专业素养。

一、专业素养提升的现状与重要性

（一）教师专业素养的现状

1. 知识更新不足

一些教师在学科知识方面的更新速度较慢，难以紧跟学科发展的最新动态。传统教学内容和方法在现代教育环境中逐渐显现出局限性。

2. 教学方法单一

部分教师在教学方法上仍然依赖传统的讲授法，缺乏多样化的教学手段，难以有效激发学生的学习兴趣和参与度。

3. 教育理念滞后

一些教师在教育理念上未能及时更新，仍然受制于传统的应试教育观念，忽视了学生的全面发展和个性化需求。

4. 心理素质与职业道德提升不足

教师的心理素质和职业道德在应对现代教育环境中的挑战时显得薄弱。工作压力大、职业倦怠感强、职业道德意识不强等问题仍然存在。

（二）专业素养提升的重要性

1. 提升教育质量

教师专业素养的提升直接关系到教育质量的提高。专业素养高的教师能够更好地组织和实施教学活动，提升学生的学习效果。

2. 适应教育改革

现代教育改革要求教师不断更新教育理念和教学方法，以适应新课程标准和教育政策的变化。提升专业素养有助于教师更好地应对教育改革的要求。

3. 促进学生全面发展

教师的专业素养对学生的全面发展起着重要作用。通过提升专业素养，教师能够更好地关注学生的个性化需求，促进学生的德、智、体、美、劳全面发展。

4. 增强职业认同感和幸福感

专业素养的提升有助于教师获得职业成就感和幸福感，增强职业认同感，激发工作热情，减轻职业倦怠感。

二、专业素养提升的培训策略

（一）系统化的专业培训

1. 入职培训

为新入职教师提供系统的入职培训，帮助其迅速适应教育环境和教学工作。入职培训应包括教育理念、教学方法、课堂管理、职业道德等方面的内容。

2. 在职培训

为在职教师提供持续的专业培训，帮助其不断更新知识、提升技能。在职培训应结合教师的实际需求和发展阶段，制定个性化的培训计划。

3. 高级培训

为有潜力和意愿的教师提供高级培训机会，如国内外进修、学术交流等。高级培训有助于教师提升专业水平，拓宽视野，提升教育科研能力。

（二）多样化的培训形式

1. 集中培训

通过集中讲座、专题培训、研讨会等形式，为教师提供系统的专业培训。

集中培训能够集中资源和力量，提供高质量的培训内容。

2. 在线培训

利用信息技术和在线教育平台，提供灵活多样的在线培训课程。在线培训能够打破时间和空间的限制，方便教师随时随地学习。

3. 实践培训

通过课堂观摩、教学实习、案例分析等形式，提供实践性的培训机会。实践培训能够帮助教师将理论与实践相结合，提升实际教学能力。

（三）针对性的培训内容

1. 教育理念更新

培训内容应注重教育理念的更新，帮助教师树立现代教育观念，如以学生为中心、素质教育、创新教育等。通过教育理念的更新，提升教师的教育思维和教学视野。

2. 学科知识提升

培训内容应注重学科知识的提升，帮助教师及时更新和拓展学科知识。通过学科前沿知识的学习，提升教师的学术水平和教学能力。

3. 教学方法创新

培训内容应注重教学方法的创新，帮助教师掌握多样化的教学方法和手段，如探究式学习、项目式学习、翻转课堂等。通过教学方法的创新，提升课堂教学效果。

4. 教育技术应用

培训内容应注重教育技术的应用，帮助教师掌握现代教育技术的基本技能和应用方法，如多媒体教学、在线教学、虚拟现实等。通过教育技术的应用，提升教学的现代化水平。

5. 心理素质与职业道德

培训内容应注重教师心理素质和职业道德的培养，帮助教师提升自我调节能力和职业道德素养。通过心理健康教育和职业道德培训，提升教师的心理素质和职业道德水平。

三、专业素养提升的实践策略

（一）建立专业学习共同体

1. 校内学习共同体

通过建立校内专业学习共同体，促进教师之间的学习与合作。教师可以在共同体中分享教学经验、探讨教育理念、开展教学研究，共同提升专业素养。

2. 跨校学习共同体

通过建立跨校专业学习共同体，拓宽教师的学习和交流平台。教师可以与其他学校的同行进行交流与合作，借鉴优秀的教学经验和做法，提升专业水平。

（二）推动校本教研活动

1. 集体备课

组织教师进行集体备课，通过集体讨论和研讨，提升教学设计和实施能力。集体备课能够促进教师之间的交流与合作，共同提升教学水平。

2. 课堂观摩与评课

组织教师进行课堂观摩与评课，通过实际课堂教学的观摩和评析，提升教学实践能力。课堂观摩与评课能够帮助教师发现问题、改进教学、提升教学效果。

3. 教学反思与改进

通过教学反思和改进，不断提升教学水平。教师应在教学实践中不断反思，总结经验，发现问题，及时调整和改进教学方法，提升教学效果。

（三）开展教育科研活动

1. 教育科研项目

鼓励教师参与教育科研项目，通过科研活动提升专业水平。学校应为教师提供科研经费和资源支持，帮助教师开展高水平的教育科研活动。

2. 学术交流与合作

通过学术交流与合作，提升教师的学术水平。教师应积极参加学术会议、研讨会、学术论坛等，与同行进行交流和合作，分享研究成果和经验，提升学术水平。

3. 教育创新实验

鼓励教师开展教育创新实验，通过实验教学、创新项目等活动，提升教学水平。学校应为教师提供实验条件和资源支持，帮助教师在实践中不断创新，提升教学效果。

教师专业素养的提升是教育质量和学生发展的关键因素。通过系统的培训与实践，教师可以不断更新知识、提升技能，适应现代教育的需求。通过系统化的专业培训、多样化的培训形式、针对性的培训内容，教师可以不断提升自身的专业素养。通过建立专业学习共同体、推动校本教研活动、开展教育科研活动，教师可以在实践中不断提升专业水平。结合实践案例，教师可以通过不断学习和实践，提升专业素养，为教育事业的发展贡献力量。

第五章 初中教师队伍结构优化与发展路径

第一节 年轻教师的培养与扶持策略

年轻教师的培养与扶持是优化初中教师队伍结构、提升教育质量的重要环节。年轻教师是教育事业的未来，他们的成长与发展直接关系到教育的可持续发展。为了有效培养和扶持年轻教师，需从政策支持、培训体系、职业发展、心理支持等多个方面进行综合施策。以下从年轻教师培养与扶持的现状、重要性、策略及实践案例等多个方面，详细探讨如何优化初中教师队伍结构。

一、年轻教师培养与扶持的现状与重要性

（一）现状分析

1. 缺乏系统的培养机制

许多学校在培养年轻教师方面缺乏系统的机制。虽然入职培训是普遍的，但后续的持续培训和支持往往不到位，导致年轻教师在职业发展初期遇到较多困难。

2. 工作压力大

年轻教师面临的工作压力较大，包括教学任务繁重、教学经验不足、班级管理困难等。这些压力容易导致职业倦怠，影响其职业发展和心理健康。

3. 职业发展通道不明朗

许多年轻教师在职业发展通道上感到迷茫，缺乏明确的发展目标和路径。职业晋升机制不完善，导致部分年轻教师对职业前景感到不确定，影响其职业

积极性。

4. 心理支持不足

年轻教师在工作中面临的心理压力和挑战较多，但心理支持和辅导机制往往不够完善，导致其在面对教学和生活中的困扰时缺乏有效的帮助和支持。

（二）培养与扶持的重要性

1. 促进教育质量提升

年轻教师是教育事业的生力军，其专业素养和教学能力直接影响教育质量。通过系统的培养与扶持，可以提升年轻教师的教学水平，促进教育质量的整体提升。

2. 保障教师队伍的可持续发展

年轻教师是教师队伍的未来，通过有效的培养与扶持，可以确保教师队伍的持续发展和优化，形成老中青结合、梯队合理的教师结构。

3. 提升年轻教师的职业认同感和幸福感

通过职业发展支持和心理辅导，可以帮助年轻教师树立职业目标，增强职业认同感和幸福感，激发其工作热情和积极性，减少职业倦怠感。

4. 推动教育改革与创新

年轻教师思想活跃、接受新事物快，通过培养与扶持，可以激发其创新意识和能力，推动教育理念和教学方法的改革与创新，促进教育事业的发展。

二、年轻教师培养与扶持的策略

（一）政策支持与激励机制

1. 完善政策保障

教育主管部门应制定和完善针对年轻教师的培养与扶持政策，为其职业发展提供制度保障。政策内容应包括职业晋升、职称评定、薪酬待遇、培训机会等方面，确保年轻教师在职业发展中享有公平的机会和待遇。

2. 建立激励机制

学校应建立科学的激励机制，通过物质奖励和精神激励相结合的方式，激发年轻教师的工作积极性和创造性。激励机制可以包括优秀教师评选、教学成果奖励、创新项目资助等，鼓励年轻教师积极进取、不断提升。

（二）系统的培训与继续教育

1. 入职培训

为新入职的年轻教师提供系统的入职培训，帮助其迅速适应教育环境和教学工作。入职培训应包括教育理念、教学方法、班级管理、职业道德等方面的内容，提升其基本教学能力和职业素养。

2. 在职培训

为在职的年轻教师提供持续的专业培训，帮助其不断更新知识、提升技能。在职培训应结合教师的实际需求和发展阶段，制定个性化的培训计划，涵盖学科知识、教学技能、教育技术等方面。

3. 高级培训

为有潜力和意愿的年轻教师提供高级培训机会，如国内外进修、学术交流等。高级培训有助于年轻教师提升专业水平，拓宽视野，提升教育科研能力，推动其职业发展。

4. 校本培训

学校应根据实际情况，开展形式多样的校本培训，如集体备课、课堂观摩、教学反思等，促进年轻教师之间的学习与交流，共同提升专业素养。

（三）职业发展与晋升通道

1. 明确职业发展路径

学校应为年轻教师设计明确的职业发展路径，帮助其设定职业目标，制定职业发展规划。职业发展路径应包括不同发展阶段的目标和要求，提供清晰的职业晋升通道。

2. 提供职业发展机会

学校应为年轻教师提供丰富的职业发展机会，如参与教育科研项目、担任教研组长、参加教育会议等，帮助其积累经验、提升能力，为职业晋升打下坚实基础。

3. 建立导师制度

学校应建立导师制度，为年轻教师配备经验丰富的导师，提供专业指导和支持。导师应在教学方法、班级管理、职业发展等方面为年轻教师提供帮助，促进其快速成长。

4. 加强职业发展评估

学校应定期对年轻教师的职业发展进行评估，了解其发展需求和困惑，及时提供帮助和支持。通过职业发展评估，可以发现问题、改进措施，提升年轻教师的职业发展效果。

（四）心理支持与辅导

1. 建立心理辅导机制

学校应建立心理辅导机制，为年轻教师提供心理支持和辅导服务。心理辅导应涵盖工作压力、职业倦怠、人际关系等方面，帮助年轻教师解决心理困扰，保持心理健康。

2. 开展心理健康教育

学校应定期开展心理健康教育，提升年轻教师的心理健康意识和自我调节能力。通过心理健康讲座、心理辅导工作坊等形式，帮助年轻教师掌握心理调节技巧，提升心理素质。

3. 建立心理支持网络

学校应建立心理支持网络，形成以心理咨询师、导师、同事为核心的支持系统，为年轻教师提供全面的心理支持。通过心理支持网络，帮助年轻教师建立积极的心态，应对工作和生活中的各种挑战。

4. 关注职业幸福感

学校应关注年轻教师的职业幸福感，通过改善工作环境、合理安排工作任务、提供职业发展机会等措施，提升年轻教师的职业幸福感和满意度，增强其职业认同感和积极性。

三、年轻教师培养与扶持的实践案例

1. 北京师范大学附属中学的年轻教师培养计划

北京师范大学附属中学通过实施系统的年轻教师培养计划，提升了年轻教师的专业素养和职业发展水平。学校为新入职教师提供系统的入职培训，涵盖教育理念、教学方法、班级管理等方面的内容。为在职教师提供持续的专业培训和高级培训机会，帮助其不断更新知识、提升技能。此外，学校建立了导师制度，为年轻教师配备经验丰富的导师，提供专业指导和支持。通过职业发展评估，学校及时了解年轻教师的发展需求，提供有针对性的帮助和支持。

2. 上海市育才中学的年轻教师扶持政策

上海市育才中学通过制定和实施针对年轻教师的扶持政策，提升了年轻教师的职业认同感和幸福感。学校制定了明确的职业发展路径，为年轻教师设定职业目标和发展规划。通过物质奖励和精神激励相结合的激励机制，激发年轻教师的工作积极性和创造性。学校还建立了心理辅导机制和心理支持网络，为年轻教师提供全面的心理支持和辅导服务。通过心理健康教育和职业幸福感提升措施，帮助年轻教师保持心理健康，提升职业幸福感。

3. 浙江省杭州外国语学校的年轻教师培训项目

浙江省杭州外国语学校通过实施系统的年轻教师培训项目，提升了年轻教师的专业水平和教育科研能力。学校为新入职教师提供系统的入职培训，帮助其迅速适应教育环境和教学工作。为在职教师提供持续的专业培训，涵盖学科知识、教学技能、教育技术等方面的内容。此外，学校为有潜力和意愿的年轻教师提供高级培训机会，如国内外进修、学术交流等，帮助其提升专业水平、拓宽视野。通过校本培训，学校组织年轻教师进行集体备课、课堂观摩、教学反思等活动，促进其专业素养的提升。

4. 深圳市南山区实验学校的年轻教师职业发展支持计划

深圳市南山区实验学校通过实施年轻教师职业发展支持计划，提升了年轻教师的职业发展水平和职业认同感。学校为年轻教师提供丰富的职业发展机会，如参与教育科研项目、担任教研组长、参加教育会议等，帮助其积累经验、提升能力。通过职业发展评估，学校及时了解年轻教师的发展需求和困惑，提供针对性的帮助和支持。此外，学校关注年轻教师的职业幸福感，通过改善工作环境、合理安排工作任务、提供职业发展机会等措施，提升年轻教师的职业幸福感和满意度。

年轻教师的培养与扶持是优化初中教师队伍结构、提升教育质量的重要环节。通过系统的政策支持、培训体系、职业发展支持、心理辅导等综合措施，可以有效提升年轻教师的专业素养和职业发展水平。通过实践案例的借鉴，可以看到系统的培养与扶持措施对年轻教师的成长和发展具有显著的促进作用。未来，需要继续完善和创新培养与扶持策略，为年轻教师提供更全面的支持，推动教育事业的可持续发展。

第二节 科学合理的教师评价体系建立

建立科学合理的教师评价体系是提升教师队伍素质、优化教师队伍结构、促进教育质量提升的重要举措。一个完善的教师评价体系不仅能客观、公正地评估教师的工作绩效，还能激发教师的职业发展动力，促进教师的专业成长。以下从教师评价体系的现状、重要性、构建原则、评价指标、实施策略、挑战与对策等多个方面，详细探讨如何建立科学合理的教师评价体系。

一、教师评价体系的现状与重要性

（一）现状分析

1. 评价标准单一

目前，许多学校的教师评价体系主要以学生成绩为核心，忽视了教师的教学过程、教育创新、教师发展、学生综合素质等多方面的评价，导致评价结果片面。

2. 评价方法缺乏科学性

现有的评价方法多为定性评价，缺乏定量分析，评价过程中主观性强，影响了评价结果的公正性和可信度。

3. 反馈与改进机制不足

部分学校在教师评价后缺乏有效的反馈与改进机制，评价结果难以真正用于教师专业发展和教学改进，评价的实际效果有限。

（二）评价体系的重要性

1. 促进教师专业发展

科学合理的教师评价体系能够为教师提供全面、客观的反馈，帮助教师了解自身的优势和不足，明确改进方向，促进专业成长。

2. 提升教学质量

通过科学合理的评价体系，可以激发教师的工作积极性和创新意识，不断提升教学水平和教育质量。

3. 优化教师队伍结构

评价体系能够为教师的选拔、任用、晋升提供客观依据，优化教师队伍结构，促进教师队伍的健康发展。

4. 增强教育公平

科学合理的评价体系能够确保评价过程的公正性和透明性，避免人为因素的干扰，增强教育公平。

二、科学合理的教师评价体系构建原则

1. 公平公正

教师评价体系应坚持公平公正的原则，确保评价过程和结果的客观性和透明性，避免偏见和人为干扰。评价标准和方法应公开透明，让教师充分了解评价的依据和流程。

2. 全面综合

评价体系应注重全面综合的原则，不仅关注教师的教学成绩，还要全面考察教师的教学过程、教学方法、教育创新、学生发展等多方面的表现，全面反映教师的工作绩效和专业素养。

3. 科学合理

教师评价体系应注重科学合理的原则，采用科学的评价标准和方法，结合定量分析和定性评价，确保评价结果的准确性和可信性。评价指标应具有科学性、可操作性和可测量性。

4. 动态发展

教师评价体系应注重动态发展的原则，及时根据教育发展的需求和教师的实际情况进行调整和完善，保持评价体系的适应性和前瞻性。评价过程中应重

视反馈与改进机制，推动教师的持续发展。

三、教师评价指标的设定

（一）教学过程评价

1. 教学设计与实施

评价教师的教学目标设定、教学计划编制、教学方法选择、教学资源利用等方面的情况，考察教师的教学设计能力和教学实施效果。

2. 课堂教学表现

评价教师在课堂教学中的表现，包括教学内容的呈现、教学方法的运用、课堂管理与互动、教学评价与反馈等，考察教师的课堂教学能力和教学效果。

3. 学生学习效果

评价学生在课堂学习中的参与度、学习兴趣、学习态度、知识掌握情况等，考察教师的教学效果和对学生学习的促进作用。

（二）教育创新评价

1. 教学改革与创新

评价教师在教学改革与创新方面的表现，包括教学方法创新、课程资源开发、教育技术应用等，考察教师的创新意识和创新能力。

2. 科研与教研成果

评价教师在教育科研和教研活动中的表现，包括科研项目参与、学术论文发表、教研活动组织与参与等，考察教师的科研能力和教研水平。

（三）教师发展评价

1. 专业素养提升

评价教师在专业素养提升方面的表现，包括参加培训、进修学习、职业发展规划等，考察教师的学习态度和专业化发展能力。

2.职业道德与心理素质

评价教师的职业道德水平和心理素质，包括师德表现、职业责任感、心理健康状况等，考察教师的职业道德素养和心理素质。

（四）学生发展评价

1.学生综合素质发展

评价教师对学生综合素质发展的促进作用，包括学生的思想品德、学习能力、创新精神、实践能力、合作意识等，考察教师对学生全面发展的影响。

2.学生满意度与家长反馈

评价学生和家长对教师教学工作的满意度和反馈意见，考察教师的教学效果和师生关系、家校沟通等方面的表现。

四、教师评价体系的实施策略

（一）多元化的评价方法

1.自评与互评

鼓励教师进行自我评价，反思自己的教学工作，发现问题与不足。通过教师之间的互评，促进教师相互学习与交流，共同提升教学水平。

2.学生评价

通过学生对教师的评价，了解教师在课堂教学中的表现和教学效果。学生评价应注重评价的公正性和科学性，避免主观偏见。

3.专家评估

组织教育专家对教师的教学工作进行评估，提供专业的意见和建议。专家评估应注重评价的科学性和专业性，确保评价结果的公正性和可信性。

4.过程与结果评价结合

将过程评价与结果评价相结合，全面考察教师的教学过程和教学效果。过程评价注重对教师教学行为的观察与分析，结果评价注重对学生学习效果的考察与反馈。

（二）评价结果的反馈与应用

1. 及时反馈

评价结果应及时反馈给教师，帮助其了解自己的优势与不足，明确改进方向。反馈内容应具体、全面，具有建设性，帮助教师不断提升教学水平。

2. 指导与支持

根据评价结果，为教师提供个性化的指导与支持，帮助其改进教学方法、提升教学能力。学校应为教师提供必要的资源和支持，推动教师的持续发展。

3. 职业发展规划

将评价结果与教师的职业发展规划相结合，帮助教师制定科学合理的职业发展目标与计划。通过职业发展规划，激发教师的职业发展动力，促进其专业成长。

4. 激励与奖励机制

根据评价结果，建立科学合理的激励与奖励机制，激发教师的工作积极性与创新意识。奖励机制应注重公平公正，鼓励教师不断提升专业素养和教学水平。

五、教师评价体系的挑战与对策

（一）挑战

1. 评价标准的制定

教师评价标准的制定是一项复杂的工作，涉及多个方面的评价指标，标准的科学性与可操作性是评价体系成功的关键。

2. 评价方法的科学性

评价方法的科学性直接关系到评价结果的公正性和可信性。如何在评价过程中避免主观性和人为干扰，确保评价结果的客观性，是评价体系面临的重要挑战。

3. 反馈与改进机制的落实

评价结果如何有效应用于教师的专业化发展和教学改进，建立有效的反馈与改进机制，是评价体系能否发挥实际作用的关键。

（二）对策

1. 多方参与制定标准

在制定教师评价标准时，应广泛听取教育主管部门、学校管理者、教师代表、教育专家等多方意见，确保评价标准的科学性、可操作性和公平性。

2. 优化评价方法

采用多元化的评价方法，结合定量分析与定性评价，确保评价结果的全面性和科学性。通过自评、互评、学生评价、专家评估等多种方式，确保评价过程的公正性和透明性。

3. 加强评价培训

为参与评价的人员提供专业培训，提升其评价能力和水平。评价人员应掌握科学的评价方法和技巧，确保评价过程的规范性和专业性。

4. 建立有效的反馈与改进机制

评价结果应及时反馈给教师，帮助其了解自身的优势与不足。学校应为教师提供个性化的指导与支持，推动其改进教学方法、提升教学水平。通过职业发展规划和激励机制，激发教师的职业发展动力，促进其专业成长。

建立科学合理的教师评价体系是提升教师队伍素质、优化教师队伍结构、促进教育质量提升的重要举措。通过科学合理的评价标准、多元化的评价方法、有效的反馈与改进机制，可以全面、客观、公正地评估教师的工作绩效，激发教师的职业发展动力，促进教师的专业成长。通过实践案例的借鉴，可以看到科学合理的教师评价体系对教师专业化发展和教育质量提升具有显著的促进作用。未来，需要继续完善和创新教师评价体系，为教师提供更全面的支持，推动教育事业的可持续发展。

第三节 初中教师队伍的梯队建设与管理

初中教师队伍的梯队建设与管理是优化教师结构、提升教育质量的重要环节。科学合理的梯队建设可以保证教师队伍的可持续发展，形成老中青结合、结构合理的教师团队，从而推动学校教育水平的全面提升。以下从梯队建设的现状、重要性、策略及管理措施等多个方面，详细探讨如何构建和管理初中教师梯队。

一、教师梯队建设的现状与重要性

（一）现状分析

1. 年龄结构不合理

许多学校存在教师年龄结构不合理的现象，部分学校老教师比例较高，年轻教师数量不足，教师队伍的年龄层次不均衡，影响了教师队伍的活力和可持续发展。

2. 专业发展不平衡

教师专业发展的机会和资源分配不均，导致教师队伍中存在专业素养和教学能力的不平衡。部分教师由于缺乏专业发展支持，难以提升自身的专业水平。

3. 职业晋升渠道不畅

教师职业晋升渠道不畅，职业发展路径不清晰，导致部分教师对职业前景感到迷茫，影响了教师的职业积极性和工作热情。

（二）梯队建设的重要性

1. 保障教育质量

科学合理的梯队建设能够保证教师队伍的稳定性和持续发展，形成知识传承和教学经验的有效衔接，从而提升教育质量。

2. 促进教师成长

梯队建设为教师提供了明确的发展路径和晋升通道，激励教师不断提升专业素养和教学能力，促进教师的全面成长。

3. 增强团队活力

通过合理的梯队建设，可以形成老中青结合的教师团队，既有经验丰富的老教师，也有充满活力的中青年教师，增强教师团队的整体活力和创新能力。

4. 推动教育创新

梯队建设能够促进不同年龄层次和专业背景的教师相互学习和合作，推动教育理念和教学方法的创新，提高学校的教育水平和竞争力。

二、教师梯队建设的策略

（一）年龄结构优化

1. 科学引进年轻教师

学校应根据教师队伍的年龄结构和学科需求，制定科学的教师引进计划，吸引优秀的年轻教师加入教师队伍，优化教师队伍的年龄结构，增强教师团队的活力。

2. 老教师的经验传承

学校应重视老教师的经验传承，通过导师制度、教学研讨、经验分享等方式，将老教师的教学经验和教育智慧传承给年轻教师，促进年轻教师的快速成长。

3. 平衡各年龄段教师比例

学校应合理规划各年龄段教师的比例，确保老中青教师队伍的均衡发展。通过年龄结构的优化，形成梯次合理、层次分明的教师团队。

（二）专业发展支持

1. 系统的专业培训

学校应为教师提供系统的专业培训，涵盖学科知识、教学方法、教育技术等方面。通过专业培训，提升教师的专业素养和教学能力，促进教师的全面发展。

2. 个性化发展规划

学校应根据每位教师的实际情况，制定个性化的职业发展规划，明确发展目标和路径，提供有针对性的指导和支持，帮助教师实现职业目标。

3. 搭建专业发展平台

学校应搭建多样化的专业发展平台，如教育科研项目、学术交流、教学研讨等，为教师提供丰富的发展机会，促进教师的专业成长。

（三）职业晋升通道

1. 明确职业晋升路径

学校应为教师设计明确的职业晋升路径，帮助教师设定职业目标，制定职业发展规划。职业晋升路径应包括不同发展阶段的目标和要求，提供清晰的晋升通道。

2. 建立科学的晋升机制

学校应建立科学合理的职业晋升机制，结合教师的教学表现、教育科研成果、职业道德等多方面的表现，进行综合评估，确保晋升过程的公平公正。

3. 激励教师职业发展

学校应通过职业晋升、荣誉称号、物质奖励等方式，激励教师不断提升专业素养和教学能力，激发教师的职业发展动力和工作热情。

（四）教师梯队管理措施

1. 定期考核评估

学校应定期对教师进行考核评估，全面了解教师的教学表现、专业发展和职业道德等方面的情况。通过考核评估，发现问题，及时调整和改进梯队建设策略。

2. 动态调整梯队结构

学校应根据教师队伍的发展变化，动态调整梯队结构，确保梯队建设的科学性和合理性。通过动态调整，保持教师队伍的稳定性和可持续发展。

3. 加强团队建设

学校应注重教师团队建设，增强教师之间的协作和交流，形成互助互学的团队氛围。通过团队建设，提升教师队伍的凝聚力和整体素质。

4. 提升管理水平

学校应不断提升教师梯队建设与管理的水平，借鉴国内外先进经验，结合本校实际，探索科学有效的管理模式，推动教师队伍的健康发展。

三、 教师梯队建设的创新实践

1. 创新导师制度

学校可以在传统导师制度的基础上进行创新，建立双导师或多导师制度。每位年轻教师不仅配备一名经验丰富的老教师作为导师，还可以配备一名中青年骨干教师。双导师或多导师制度能够提供更全面的指导和支持，帮助年轻教师在教学、科研和职业发展等方面实现全面提升。

2. 跨学科合作

学校应鼓励和支持不同学科的教师进行跨学科合作，通过联合备课、跨学科项目等方式，促进教师之间的学习与交流。跨学科合作不仅能提升教师的教学能力和创新能力，还能丰富教师的知识结构，推动教育理念和教学方法的创新。

3. 教师发展工作坊

学校可以定期举办教师发展工作坊，邀请国内外教育专家、优秀教师举办讲座和培训，分享教育理念、教学方法和教育科研成果。通过教师发展工作坊，教师能够获取前沿的教育信息和实践经验，提升专业素养和教学水平。

4. 在线学习与交流平台

学校可以搭建在线学习与交流平台，为教师提供灵活多样的在线学习资源和交流渠道。通过在线学习与交流平台，教师可以随时随地进行学习和交流，获取最新的教育信息和教学资源，提升专业化发展水平。

初中教师队伍的梯队建设与管理是优化教师结构、提升教育质量的重要环节。通过科学合理的梯队建设策略，如年龄结构优化、专业发展支持、职业晋升通道等，可以形成老中青结合、层次分明的教师团队，保障教师队伍的可持续发展。通过创新实践，如创新导师制度、跨学科合作、举办教师发展工作坊、搭建在线学习与交流平台等，可以提升教师队伍的整体素质和教育水平。未来，需要继续探索和完善教师梯队建设与管理的策略，为教师提供更全面的支持，推动教育事业的可持续发展。

第四节 初中教师职业生涯发展规划与支持

初中教师职业生涯发展规划与支持是确保教师队伍稳定性、提升教育质量的重要举措。科学合理的职业生涯规划和有力的支持体系，不仅能激发教师的职业热情，还能推动其专业成长。以下从职业生涯发展规划的意义、原则、策略和支持体系等多个方面，详细探讨如何为初中教师制定和落实有效的职业生涯发展规划与支持措施。

一、职业生涯发展规划的意义

1. 激发职业热情

科学合理的职业生涯规划能够帮助教师明确职业发展目标，增强职业认同感和责任感，激发教师的工作热情和积极性，从而提升教育、教学质量。

2. 促进专业成长

职业生涯发展规划为教师提供了明确的发展路径和阶段目标，通过持续的专业发展支持，帮助教师不断提升专业素养和教学能力，促进其全面成长。

3. 增强教师队伍稳定性

明确的职业生涯发展规划能够有效减少教师的职业倦怠感和流失率，增强教师队伍的稳定性和持续发展能力，形成良好的教育生态。

4. 提高教育质量

教师的专业化发展直接关系到教育质量。通过职业生涯发展规划和支持体系，提升教师的教学水平和教育创新能力，从而推动整体教育质量的提高。

二、职业生涯发展规划的原则

1. 个性化与针对性

职业生涯发展规划应结合每位教师的个人特点、专业背景和发展需求，制定个性化的发展目标和路径，确保规划的针对性和有效性。

2. 长期性与阶段性

职业生涯发展规划应具有长期性，涵盖教师整个职业生涯的发展路径。同时，应设定明确的阶段目标，通过分阶段的目标实现，逐步推进职业生涯发展。

3. 系统性与全面性

职业生涯发展规划应具有系统性和全面性，涵盖教师的专业发展、教学能力提升、教育科研、职业道德建设等各个方面，促进教师的全面成长。

4. 可操作性与灵活性

职业生涯发展规划应具有可操作性，目标和路径应具体明确，便于实施和评估。同时，规划应具有灵活性，能够根据教师的实际情况和发展需求进行调整和优化。

三、职业生涯发展规划的策略

（一）职业发展目标设定

1. 明确个人职业目标

帮助教师明确个人的职业发展目标，包括短期、中期和长期目标。通过职业目标设定，增强教师的职业规划意识，激发其职业发展动力。

2. 结合学校发展目标

将教师的个人职业发展目标与学校的发展目标相结合，确保教师的职业发展与学校的整体发展方向一致，形成良好的互动和协同效应。

（二）职业发展路径设计

1. 阶段性发展路径

根据教师的职业发展目标，设计分阶段的发展路径，明确每个阶段的目标和任务。通过阶段性发展路径，帮助教师逐步实现职业目标。

2. 多样化发展路径

为教师提供多样化的发展路径选择，如教学型、科研型、管理型等，满足不同教师的职业发展需求，促进其专业成长。

（三）专业发展支持

1. 系统的专业培训

为教师提供系统的专业培训，涵盖学科知识、教学方法、教育技术、教育科研等方面。通过专业培训，提升教师的专业素养和教学能力。

2. 个性化发展指导

根据教师的职业发展需求，提供个性化的发展指导和支持。通过职业指导、导师辅导等方式，帮助教师制定和落实职业发展规划，提升职业发展效果。

（四）职业发展评估

1. 定期评估与反馈

定期对教师的职业发展情况进行评估，了解其职业发展进展和存在的问题。通过评估与反馈，帮助教师发现问题、调整规划、改进措施，提升职业发展效果。

2. 职业发展档案

为每位教师建立职业发展档案，记录其职业发展目标、发展路径、培训经历、职业成就等。通过职业发展档案，全面掌握教师的职业发展情况，提供有针对性的支持。

四、职业生涯发展支持体系

（一）政策支持

1. 职业发展政策保障

教育主管部门和学校应制定和完善教师职业发展的政策保障，为教师提供明确的职业发展路径和晋升通道。通过政策保障，确保教师在职业发展中享有公平的机会和待遇。

2. 职业发展激励机制

建立科学合理的职业发展激励机制，通过荣誉称号、物质奖励、职业晋升等方式，激励教师不断提升专业素养和教学能力，激发其职业发展动力。

（二）培训与发展支持

1. 持续的专业培训

教育主管部门和学校应提供持续的专业培训机会，帮助教师不断更新知识、提升技能。培训内容应结合教师的实际需求和发展阶段，提供有针对性的培训课程。

2. 进修与交流机会

为教师提供国内外进修和学术交流的机会，拓宽教师的视野，提升其专业水平。通过进修与交流，帮助教师了解教育发展的最新动态，获取前沿的教育理念和方法。

（三）教育科研支持

1. 科研项目支持

为教师提供教育科研项目的支持，鼓励教师参与教育科研活动，提升其科研能力和学术水平。学校应提供科研经费和资源支持，帮助教师开展高水平的教育科研活动。

2. 科研成果激励

对在教育科研方面取得突出成绩的教师进行表彰和奖励，激励教师积极参与教育科研，不断提升专业水平。通过科研成果激励，推动教师在教学和科研方面的全面发展。

（四）职业道德与心理支持

1. 职业道德建设

加强教师职业道德建设，提升教师的职业责任感和师德水平。通过职业道德培训、师德模范宣传等方式，树立教师的职业道德榜样，营造良好的师德氛围。

2. 心理健康支持

为教师提供心理健康支持和辅导服务，帮助教师应对职业压力，保持心理健康。学校应定期开展心理健康讲座和心理辅导工作坊，提升教师的心理素质和自我调节能力。

初中教师职业生涯发展规划与支持是确保教师队伍稳定性、提升教育质量的重要举措。通过科学合理的职业生涯规划和有力的支持体系，可以激发教师的职业热情，促进其专业成长，增强教师队伍的稳定性和持续发展能力。职业生涯发展规划应注重个性化与针对性、长期性与阶段性、系统性与全面性、可操作性与灵活性，确保规划的有效性和科学性。通过职业发展目标设定、职业发展路径设计、专业发展支持、职业发展评估等策略，以及政策支持、培训与发展支持、教育科研支持、职业道德与心理支持等措施，可以为教师提供全面的职业发展支持，推动教育事业的可持续发展。

第五节 优化教师队伍结构的政策建议

优化教师队伍结构是提升教育质量、实现教育公平的重要手段。合理的教师队伍结构应体现年龄、性别、学历、专业、职称等多方面的平衡与合理配置，确保教师队伍的可持续发展。以下从教师引进、培养、晋升、评价、待遇等多个方面，提出优化教师队伍结构的政策建议。

一、教师引进政策

1. 优化招聘流程

多样化招聘渠道：通过校园招聘、公开招聘、人才交流会等多种渠道引进优秀教师，确保教师来源的多样性和质量。

严格的招聘标准：制定科学、合理的招聘标准，确保招聘的教师具有扎实的专业知识、较高的综合素质和良好的职业道德。

完善的招聘流程：优化教师招聘流程，包括笔试、面试、试讲、背景调查等环节，确保招聘过程的公正、透明和高效。

2. 引进高素质人才

鼓励名师引进：制定鼓励政策，吸引名师和优秀教育管理者加入，提升学校的整体教学水平和管理水平。

引进教育专业人才：重点引进具有教育学、心理学、教学技术等相关专业背景的人才，优化教师队伍的专业结构，提升教育、教学质量。

引进紧缺学科教师：针对学校紧缺学科，制定专项引进政策，吸引紧缺学科的优秀教师加入，解决部分学科教师短缺问题。

二、教师培养政策

1. 加强教师培训

系统化培训计划：制定系统的教师培训计划，涵盖新入职教师培训、在职教师培训、骨干教师培训等，确保教师的持续专业化发展。

多样化培训形式：开展多样化的培训形式，包括集中培训、在线培训、校本培训、教研活动等，满足不同教师的培训需求。

前沿教育理论与实践培训：引入前沿的教育理论与实践培训，帮助教师了解最新的教育理念和教学方法，提升教学水平。

2. 鼓励继续教育

学历提升支持：鼓励和支持教师通过继续教育提升学历，提供学费补助、进修假期等政策，提升教师的学历水平和专业素养。

专业进修机会：为教师提供专业进修机会，支持教师参加国内外教育学术交流、研讨会、进修班等，提升教师的学术水平和国际视野。

教育科研能力培养：加强教师的教育科研能力培养，支持教师参与教育科研项目，提升教师的科研素养和创新能力。

三、教师晋升政策

1. 完善晋升机制

科学的晋升标准：制定科学、合理的教师晋升标准，综合考量教师的教学能力、科研成果、职业道德等，确保晋升过程的公平、公正。

透明的晋升流程：优化教师晋升流程，确保晋升过程的透明、公开，让教师了解晋升的具体要求和程序。

多样化晋升路径：为教师提供多样化的晋升路径，包括教学型、科研型、管理型等，满足不同教师的职业发展需求。

2. 激励教师发展

荣誉称号与奖励：通过授予荣誉称号、颁发奖励等方式，激励教师不断提升专业素养和教学能力，激发教师的工作积极性。

职业发展规划指导：为教师提供职业发展规划指导，帮助教师设定职业目标，制定职业发展计划，提升教师的职业发展水平。

骨干教师培养：重点培养和扶持骨干教师，提供更多的职业发展机会和资源支持，发挥骨干教师的示范和引领作用。

四、教师评价政策

1. 科学合理的评价体系

多元化评价指标：建立科学合理的教师评价体系，涵盖教学质量、科研能力、职业道德、学生评价等多方面，全面评估教师的工作表现。

定量与定性结合：在教师评价过程中，结合定量分析和定性评价，确保评价结果的科学性和公正性。

动态评价机制：建立动态的教师评价机制，定期对教师的工作表现进行评估，及时发现和解决问题，促进教师的持续发展。

2. 评价结果应用

反馈与改进：及时将评价结果反馈给教师，帮助教师了解自身的优势和不足，制定改进计划，不断提升教学水平。

评价结果与晋升挂钩：将评价结果与教师的职业晋升、薪酬待遇挂钩，激励教师不断提升专业素养和教学能力。

评价结果与培训挂钩：根据评价结果，为教师提供有针对性的培训和支持，帮助教师提升专业水平，促进职业发展。

五、教师待遇政策

1. 提升薪酬待遇

合理的薪酬结构：建立科学合理的教师薪酬结构，确保教师的基本工资、绩效工资、津贴补助等合理配置，提升教师的整体薪酬水平。

绩效奖励机制：建立绩效奖励机制，根据教师的工作表现、教学质量、科研成果等，给予绩效奖励，激发教师的工作积极性。

特殊津贴政策：针对在艰苦地区、紧缺学科任教的教师，制定特殊津贴政策，提高其薪酬待遇，激励教师扎根基层、服务教育。

2. 提供职业保障

完善社会保障：为教师提供完善的社会保障，包括养老保险、医疗保险、住房公积金等，确保教师的生活保障，减轻教师的后顾之忧。

职业健康保障：关注教师的职业健康，提供定期体检、健康咨询、心理辅导等服务，提升教师的职业健康水平。

职业发展支持：为教师提供职业发展支持，包括继续教育、专业进修、职业发展规划等，帮助教师实现职业发展目标。

优化教师队伍结构是提升教育质量、实现教育公平的重要举措。通过科学合理的教师引进、培养、晋升、评价、待遇等政策措施，可以形成年龄、专业、职称等方面结构合理、梯次分明的教师队伍。政府和学校应积极推动相关政策的制定和实施，为教师提供全面的职业发展支持，激发教师的职业热情和发展动力，推动教育事业的可持续发展。

第六章 教育技术的融合与应用

第一节 现代信息技术在教学中的应用

现代信息技术的飞速发展为教育领域带来了深刻的变革。通过信息技术的有效融合，教学模式、教学方法和学习方式都发生了根本性的变化，为教育质量的提升和学生的全面发展提供了新的可能。以下将从现代信息技术在教学中的具体应用、实施策略、面临的挑战及解决方案等方面，详细探讨其在当前教育中的作用和影响。

一、现代信息技术在教学中的具体应用

1. 智能课堂

智能课堂是信息技术在教学中应用的重要表现。通过智能设备和智能系统，课堂教学实现了高度的互动性和个性化。

互动式白板：互动式白板通过触摸技术和多媒体资源，增强了师生互动。教师可以通过互动白板展示多媒体课件、进行实时标注和讲解，提高课堂的生动性和学生的参与度。

学生平板电脑：每个学生配备平板电脑，通过联网和教育应用程序，实现个性化学习和即时反馈。教师可以实时监控学生的学习进度，提供个性化指导和支持。

2. 在线教育平台

在线教育平台为教师和学生提供了丰富的教育资源和灵活的学习方式。

在线课程与微课：教师可以录制和上传在线课程和微课，学生可以根据自己的学习进度随时随地进行学习。这种方式突破了时间和空间的限制，提供了灵活的学习环境。

虚拟课堂：虚拟课堂通过视频会议和实时互动，实现了教师和学生的远程教学。特别是在疫情期间，虚拟课堂成为保证教学连续性的重要手段。

3. 大数据与学习分析

大数据技术在教育中的应用，为个性化教学和精准教学提供了数据支持。

学习数据收集与分析：通过学习管理系统（LMS）和教育应用程序，收集学生的学习数据，包括学习时间、学习进度、知识掌握情况等。利用数据分析工具，教师可以全面了解学生的学习情况，发现学习中的问题和薄弱环节。

个性化学习路径推荐：基于大数据分析结果，系统可以为每个学生推荐个性化的学习路径和资源，帮助学生弥补知识漏洞，提升学习效果。

4. 虚拟现实与增强现实

虚拟现实（VR）和增强现实（AR）技术为教学提供了全新的体验方式。

虚拟实验室：通过虚拟现实技术，学生可以在虚拟实验室中进行科学实验，体验真实的实验过程和现象。虚拟实验室不仅降低了实验成本，还提高了实验的安全性。

增强现实学习：通过增强现实技术，学生可以将虚拟信息叠加到现实场景中，进行互动学习。例如，在学习生物时，学生可以通过AR设备观察和操作虚拟的生物模型，增强学习的直观性和趣味性。

5. 人工智能辅导系统

人工智能（AI）技术在教育中的应用，为学生提供了智能化、个性化的学习辅导。

智能答疑系统：人工智能答疑系统可以实时回答学生的提问，提供详细的解答和相关知识点推荐。通过自然语言处理和知识图谱技术，系统能够理解学生的问题，提供准确的答案。

智能评测与反馈：人工智能评测系统可以自动批改作业和考试，提供详细的评测结果和反馈意见。通过智能评测，教师可以减轻批改负担，及时了解学生的学习情况。

二、现代信息技术在教学中的实施策略

1. 教师信息素养提升

教师是信息技术在教学中应用的关键，提升教师的信息素养是实施现代信息技术的基础。

系统培训：为教师提供系统的现代信息技术培训，包括信息技术的基本操作、教育软件的应用、智能设备的使用等。通过培训，提升教师的信息素养和技术应用能力。

持续支持：建立教师信息技术支持团队，提供持续的技术支持和指导。通过技术支持团队，帮助教师解决在教学中遇到的技术问题，提升教师的技术应用水平。

2. 教学资源建设

优质的教学资源是信息技术在教学中有效应用的重要保障。

多媒体课件制作：鼓励教师制作和分享多媒体课件，丰富教学资源库。多媒体课件可以结合文字、图像、音频、视频等多种媒体形式，提高教学内容的生动性和吸引力。

在线资源平台：建立和完善在线教育资源平台，为教师和学生提供丰富的学习资源。在线资源平台应包括课程视频、教学资料、实验视频、课件等多种资源，满足不同学习需求。

3. 教学模式创新

现代信息技术的应用，推动了教学模式的创新。

翻转课堂：翻转课堂通过课前自主学习和课内互动教学，实现了教学模式的创新。学生在课前通过在线课程和微课进行自主学习，课堂上通过讨论、互动、实践等方式巩固和应用知识，提升学习效果。

混合式学习：混合式学习将线上学习和线下学习相结合，提供灵活多样的学习方式。通过线上学习，学生可以自主安排学习时间和进度，线下学习则通过互动和实践进一步深化知识。

4. 学习环境建设

建设适应现代信息技术的学习环境，是信息技术有效应用的保障。

智能教室：建设配备现代信息技术设备的智能教室，包括互动白板、学生平板电脑、智能投影设备等，为信息化教学提供硬件支持。

无线网络覆盖：学校应确保无线网络的全面覆盖和稳定，为信息技术的应用提供良好的网络环境。通过无线网络，师生可以随时随地访问教学资源和进行互动学习。

三、现代信息技术在教学中应用的挑战与解决方案

1. 技术设备的普及与维护

挑战：现代信息技术设备的普及和维护是一项复杂而昂贵的任务，特别是在经济欠发达地区和农村学校，设备的购置和维护成本高，普及率低。

解决方案：政府和教育主管部门应加大对教育信息化的投入，提供专项资金支持，确保经济欠发达地区和农村学校的信息技术设备普及。建立设备维护和更新机制，确保设备的正常使用和更新换代。

2. 教师信息技术能力不足

挑战：部分教师的信息技术能力不足，难以有效利用现代信息技术进行教学，影响了信息技术的应用效果。

解决方案：加大教师信息技术培训力度，提供系统的、持续的技术培训和

支持。通过培训和支持，提升教师的信息技术能力和应用水平，确保教师能够有效利用信息技术进行教学。

3. 教学资源的质量与共享

挑战：优质教学资源的制作成本高，资源共享机制不完善，导致教学资源的质量和利用率不高。

解决方案：鼓励和支持教师制作和分享优质教学资源，建立完善的资源共享平台。通过资源共享平台，促进优质教学资源的广泛应用，提升资源利用率和教学效果。

4. 学生信息素养的培养

挑战：部分学生的信息素养较低，缺乏有效利用信息技术进行学习的能力，影响了学习效果。

解决方案：在课程中融入信息素养教育，培养学生的信息技术应用能力和信息素养。通过信息素养教育，提升学生的技术应用能力，帮助学生有效利用信息技术进行学习。

现代信息技术在教学中的应用，极大地推动了教育模式和教学方法的创新，提升了教育质量和学生的学习效果。通过智能课堂、在线教育平台、大数据与学习分析、虚拟现实与增强现实、人工智能辅导系统等具体应用，信息技术为教育带来了前所未有的变革。在实施过程中，应注重教师信息素养的提升、教学资源的建设、教学模式的创新和学习环境的建设。同时，需要应对技术设备的普及与维护、教师信息技术能力不足、教学资源的质量与共享、学生信息素养的培养等挑战，通过有效的解决方案，确保信息技术在教育中的广泛应用和良好效果。未来，随着信息技术的不断发展和进步，教育将迎来更加智能化、个性化和多样化的新时代。

第二节 大数据与人工智能在教育中的应用

随着大数据和人工智能技术的迅猛发展,教育领域正迎来一场深刻的变革。这些技术不仅改变了传统的教育模式和教学方法,还为个性化教育、教育质量提升和教育公平提供了新的可能性。以下将从大数据与人工智能在教育中的具体应用、实施策略、面临的挑战及解决方案等多个方面,结合当前的时事背景,详细探讨其在现代教育中的作用和影响。

一、大数据在教育中的应用

1. 学习数据的收集与分析

全面数据收集: 通过学习管理系统(LMS)、在线学习平台、教育应用程序等,全面收集学生在学习过程中的数据,包括学习行为数据、作业成绩、考试成绩、课堂互动等。数据收集的范围广泛,涵盖学生的学习时间、学习路径、知识点掌握情况、学习习惯等方面。

学习分析与评估: 利用大数据分析工具,对收集到的学习数据进行深入分析,评估学生的学习效果和学习进度。通过数据分析,可以发现学生在学习过程中的问题和薄弱环节,提供有针对性的教学建议和改进措施。

2. 个性化学习路径推荐

学习路径定制: 基于大数据分析结果,为每个学生定制个性化的学习路径和学习计划。系统可以根据学生的学习进度、知识掌握情况和学习兴趣,推荐适合的学习内容和学习资源,帮助学生实现个性化学习。

学习资源推荐: 通过大数据分析学生的学习需求和学习习惯,智能推荐适合的学习资源,如在线课程、电子教材、学习视频、习题集等。个性化的学习资源推荐可以提高学习效率,提升学习效果。

2. 推动智能教育应用的普及

智能教育应用推广：大力推广和应用智能教育技术，如智能辅导系统、智能评测系统、智能教学助手等，提升智能教育技术在教学中的普及率和应用效果。

教师培训与支持：为教师提供系统的智能教育技术培训，提升教师的技术应用能力和信息素养。通过培训和支持，帮助教师更好地利用智能教育技术进行教学。

3. 建立数据安全与隐私保护机制

数据安全管理：建立完善的数据安全管理体系，确保教育数据的安全性和保密性。通过技术手段和管理措施，防止数据泄露和数据滥用。

隐私保护政策：制定教育数据隐私保护政策，明确数据使用范围和权限，保护学生和教师的隐私权。通过隐私保护政策，增强数据使用的合规性和透明性。

4. 强化技术研发与创新

技术研发投入：加大对大数据和人工智能技术在教育中应用的研发投入，推动技术创新和应用实践。通过技术研发，提升智能教育技术的水平和应用效果。

产学研合作：加强产学研合作，推动高校、科研机构和企业在大数据和人工智能技术领域的合作与交流，促进技术成果的转化和应用。

四、大数据与人工智能在教育中应用的挑战与解决方案

1. 数据质量与标准化问题

挑战：数据来源多样，数据格式和质量参差不齐，影响了数据的整合和分析效果。

解决方案：制定教育数据标准化方案，统一数据格式和规范，确保数据的准确性和一致性。加强数据质量管理，定期进行数据清洗和校验，提升数据的质量和利用效率。

2. 技术应用能力不足

挑战：部分教师和教育管理者对大数据和人工智能技术的理解和应用能力不足，影响了技术的推广和应用效果。

解决方案：提供系统的技术培训和支持，提升教师和教育管理者的技术应用能力和信息素养。通过培训和支持，帮助教师和教育管理者更好地利用大数据和人工智能技术进行教学和管理。

3. 数据安全与隐私保护

挑战：教育数据涉及学生和教师的个人信息，数据安全和隐私保护面临严峻挑战。

解决方案：建立完善的数据安全管理体系，确保教育数据的安全性和保密性。制定隐私保护政策，明确数据使用范围和权限，保护学生和教师的隐私权。通过技术手段和管理措施，防止数据泄露和数据滥用。

4. 技术研发与应用推广

挑战：大数据和人工智能技术在教育中的研发和应用推广面临资金、技术、政策等多方面的限制。

解决方案：加大对大数据和人工智能技术在教育中应用的研发投入，推动技术创新和应用实践。加强产学研合作，推动高校、科研机构和企业在大数据和人工智能技术领域的合作与交流，促进技术成果的转化和应用。

大数据和人工智能技术的应用，为教育领域带来了深刻的变革。通过学习数据的收集与分析、个性化学习路径推荐、教学质量监控与评估、教育决策支持等，大数据技术为教育提供了数据支持和决策依据。通过智能辅导系统、智能评测与反馈、智能教学助手、教育机器人等，人工智能技术为教育提供了智能化、个性化的教学服务。

第三节 教育技术与学科教学的深度融合路径

教育技术的飞速发展为学科教学带来了前所未有的机遇和挑战。如何将教育技术有效地融入学科教学中，成为教育工作者需要深入探讨和实践的重要课题。以下将从技术应用、教学模式、教师专业发展、学生学习体验等方面详细阐述教育技术与学科教学的深度融合路径。

一、技术应用层面

1. 数字资源的开发与利用

教材数字化：将纸质教材转化为电子教材，便于学生随时随地进行学习和复习。

多媒体课件制作：通过音视频、动画等多媒体技术制作课件，增强教学内容的生动性和趣味性。

在线教学资源平台：建立并利用在线教学资源平台，提供丰富的教学资源供师生下载和使用。

2. 智能化教学工具的使用

学习管理系统 (LMS)：通过 LMS 平台进行课程管理、学生成绩记录和教学进度跟踪。

智能评估系统：利用大数据和人工智能技术，对学生的学习表现进行实时评估和反馈，提供个性化学习建议。

虚拟现实 (VR) 和增强现实 (AR)：在特定学科如历史、地理、科学等领域，通过 VR 和 AR 技术进行沉浸式教学，提升学生的学习体验。

二、教学模式层面

1. 翻转课堂

课前自主学习：学生通过观看教师预先录制的教学视频或在线学习资源进

行自学，掌握基本知识点。

课中互动讨论：课堂时间更多地用于师生互动、问题讨论和实践活动，深化对知识的理解和应用。

2. 混合式教学

线上线下结合：将传统课堂教学与在线学习有机结合，线上部分用于知识传授，线下部分用于互动交流和实践活动。

灵活教学安排：根据教学内容和学生需求，灵活调整线上线下教学时间和形式，增强教学效果。

3. 项目式学习

任务驱动：以实际项目或任务为驱动，引导学生通过完成项目来学习和掌握学科知识和技能。

团队合作：鼓励学生分组合作，培养团队协作和解决问题的能力。

三、教师专业发展层面

1. 技术培训

系统培训：定期组织教师参加教育技术应用的系统培训，掌握最新的教育技术和工具。

自主学习：鼓励教师通过在线课程、自学材料等途径不断提升自己的技术应用能力。

2. 教学设计能力提升

教案优化：帮助教师将教育技术有效融入教案设计，提高教学内容的组织和呈现效果。

案例分享：通过教学案例分享和交流，推广优秀的教学设计和实践经验。

3. 教学研究

行动研究：教师在教学过程中进行行动研究，探索教育技术在实际教学中的应用效果和改进路径。

学术交流：鼓励教师参与教育技术与学科教学融合相关的学术会议和研讨会，拓宽视野，提升专业素养。

四、学生学习体验层面

1. 个性化学习

学习数据分析：通过对学生学习数据的分析，提供个性化学习路径和建议，满足不同学生的学习需求。

自主学习平台：提供学生自主学习的平台，支持学生根据自己的学习进度和兴趣选择学习内容和方式。

2. 互动式学习

在线互动工具：利用在线互动工具如讨论论坛、即时通讯软件等，增强师生、生生之间的互动交流。

游戏化学习：将游戏元素融入学习过程，通过挑战、奖励机制等激发学生的学习兴趣和动力。

3. 反馈与评估

即时反馈：利用技术手段为学生提供即时的学习反馈，帮助学生及时了解自己的学习情况和不足之处。

多元评估：采用多种评估方式，包括线上测试、学习日志、项目作品等，多维度评价学生的学习效果。

教育技术与学科教学的深度融合是一项系统工程，需要教育管理者、教师和学生的共同努力。通过技术应用的不断创新、教学模式的持续优化、教师专业发展的深入推进以及学生学习体验的提升，才能实现教育技术与学科教学的真正融合，为培养新时代的创新型人才奠定坚实基础。

第四节 教育技术培训与教师技能提升

一、教育技术的融合与应用

教育技术的融合与应用是当前教育改革的重要方向，旨在利用现代技术手段提升教学效果，促进教育公平，实现个性化教育。以下是教育技术在学科教学中的主要融合与应用途径：

1. 翻转课堂

自主学习：学生在课前通过观看教学视频、自学材料掌握基本知识。

课堂互动：课堂时间用于讨论、答疑和实践活动，加深对知识的理解和应用。

2. 混合式学习

线上线下结合：将线上学习与线下课堂结合，充分利用线上资源进行知识传授，线下课堂进行互动和实践。

灵活教学安排：根据教学内容和学生需求，灵活调整线上线下教学时间和形式，提高教学效果。

3. 项目式学习

任务驱动：以实际项目或任务为驱动，引导学生通过完成项目来学习和掌握知识和技能。

团队合作：鼓励学生分组合作，培养团队协作和解决问题的能力。

二、教育技术培训与教师技能提升

教师是教育技术应用的核心推动者，教师的技能提升是实现教育技术与学科教学深度融合的关键。以下是教育技术培训和教师技能提升的主要途径：

（一）系统性培训

1. 基础技能培训

信息技术基础：提供信息技术基础培训，包括计算机操作、网络基础知识等，确保教师具备基本的技术能力。

软件应用：培训教师熟练使用常见的教学软件和工具，如 PPT 制作、视频编辑、学习管理系统（LMS）操作等。

2. 高级技能培训

多媒体课件制作：培训教师利用图片、音频、视频等多媒体元素制作生动的教学课件。

数据分析与应用：培训教师使用数据分析工具，对学生学习数据进行分析，提供个性化教学建议。

3. 前沿技术培训

VR/AR 技术：培训教师掌握虚拟现实和增强现实技术的应用，提升课堂教学的互动性和沉浸感。

人工智能：培训教师了解和使用人工智能技术，如智能评估系统、个性化学习平台等，提升教学效果。

（二）教学设计能力提升

1. 教案优化

技术融合：帮助教师将教育技术有效融入教案设计，提升教学内容的组织和呈现效果。

案例分析：通过教学案例分享和分析，推广优秀的教学设计和实践经验。

2. 教学研究

行动研究：教师在教学过程中进行行动研究，探索教育技术在实际教学中的应用效果和改进路径。

学术交流：鼓励教师参与教育技术与学科教学融合相关的学术会议和研讨会，拓宽视野，提升专业素养。

（三）教师专业发展

1. 自主学习

在线课程：鼓励教师通过在线课程、自学材料等途径不断提升自己的技术应用能力。

阅读专业书籍：推荐教师阅读教育技术相关的专业书籍，了解最新的发展趋势和应用方法。

2. 教学共同体

教师工作坊：定期组织教师工作坊，进行经验分享和技能培训，促进教师间的交流与合作。

教学团队：建立教学团队，进行合作备课和教学研究，共同提升教育技术应用水平。

3. 评估与反馈

教学评估：通过课堂观察、学生反馈等方式，对教师的教学进行评估，提供改进建议。

持续改进：根据评估结果和反馈，制定个性化的培训计划，不断提升教师的教学技能。

通过系统性的培训和持续的专业化发展，教师可以更好地掌握教育技术，优化教学设计，提升教学效果，最终实现教育技术与学科教学的深度融合。

第七章 区域教育发展不均衡的解决策略

第一节 资源配置优化与区域差距缩小

区域教育发展不均衡是全球教育体系中普遍存在的问题。解决这一问题的关键在于资源配置的优化，进而缩小区域间的教育差距。以下将从政策制定、财政投入、教师队伍建设、基础设施改善、信息化推进、社区参与等多个层面，详细探讨资源配置优化与区域差距缩小的具体策略。

一、政策制定与实施

1. 国家和地方教育政策的协调

国家层面：制定统一的教育发展战略，明确区域教育发展的目标和任务，确保国家资源的合理分配和有效利用。

地方层面：结合地方实际，制定符合本地区特点的教育发展规划，实施差异化策略，重点扶持教育薄弱地区。

2. 政策保障机制

法律法规：制定并完善相关法律法规，确保教育资源配置的公平和透明。

监督评估：建立健全政策实施的监督评估机制，定期对资源配置情况和政策效果进行评估和反馈。

二、财政投入的均衡化

1. 财政拨款机制

均衡拨款：优化财政拨款机制，增加对经济欠发达地区的教育财政投入，确保教育资源的公平分配。

专项资金：设立专项教育资金，支持贫困地区学校的基础设施建设、师资培训和教学设备购置。

2. 资金使用效率

透明管理：加强资金使用的透明化管理，确保资金使用的合理性和有效性，防止资源浪费和挪用。

绩效评估：引入绩效评估机制，对资金使用效果进行跟踪和评估，优化资金分配和使用。

三、教师队伍建设

1. 教师待遇提升

薪酬制度：提高贫困地区教师的薪酬待遇，吸引优秀教师到欠发达地区任教，减小教师队伍的区域差距。

福利保障：完善教师福利保障体系，提供住房补贴、医疗保险等，改善教师的生活和工作条件。

2. 教师培训与发展

定期培训：开展针对贫困地区教师的定期培训，提高教师的专业素质和教学水平。

交流与合作：建立区域间教师交流与合作机制，组织教师轮岗、交流学习，促进优质教学资源的共享。

3. 教师招聘与配置

优先招聘：优先招聘贫困地区的优秀毕业生返乡任教，缓解当地教师短缺问题。

科学配置：科学配置教师资源，确保每个学校都有足够的教师满足教学需求，特别是关键学科和年级的教师配备。

四、基础设施改善

1. 学校建设

新建与改扩建：加大对贫困地区学校的新建和改扩建力度，改善学校的办学条件，提供安全、舒适的学习环境。

配套设施：完善学校的配套设施，包括实验室、图书馆、体育场馆等，丰富学生的学习和活动场所。

2. 教学设备

设备更新：及时更新和补充教学设备，确保学校具备现代化的教学条件。

信息化设备：配备必要的信息化教学设备，如计算机、多媒体教室等，提升教学的现代化水平。

五、信息化推进

1. 信息技术基础设施

网络覆盖：扩大网络覆盖范围，确保贫困地区学校能够接入互联网，实现网络教学资源的共享。

设备配备：为学校配备计算机、投影仪等信息化教学设备，支持多媒体教学和远程教育。

2. 在线教育资源

资源平台建设：建设统一的在线教育资源平台，提供丰富的数字化学习资源，支持教师和学生的在线学习。

优质资源共享：推动优质教育资源的共享，特别是将发达地区的优质课程、课件等资源向欠发达地区开放。

3. 教师信息素养提升

信息技术培训：开展信息技术应用培训，提高教师的信息素养和信息化教学能力。

技术支持：提供技术支持和服务，帮助教师解决信息化教学中遇到的问题和困难。

六、社区参与与支持

1. 社区教育资源整合

资源共享：整合社区资源，建立社区图书馆、文化活动中心等，为学生提供丰富的课外学习和活动场所。

校外辅导：组织社区志愿者、退休教师等开展校外辅导活动，补充学校教育的不足。

2. 家庭教育支持

家长培训：开展家长培训，提高家长的教育意识和能力，促进家校合作，共同支持学生成长。

贫困家庭经济支持：为贫困家庭提供经济支持，减轻其子女教育负担，确保每个孩子都有公平的受教育机会。

3. 社会力量参与

企业支持：动员企业参与教育捐赠和支持，提供奖学金、助学金等，帮助贫困学生完成学业。

公益组织：发挥公益组织的作用，开展教育扶贫项目，为贫困地区的教育发展提供支持和帮助。

七、区域协作与交流

1. 区域教育合作

教育联盟：建立区域教育联盟，促进区域间的教育合作与交流，实现资源互补和共享。

对口支援：开展发达地区对口支援欠发达地区的教育帮扶活动，提供资金、师资、设备等支持。

2. 跨区域教育研究

联合研究：开展跨区域教育研究，共同探讨解决区域教育不均衡问题的对策和措施。

成果推广：推广和应用教育研究成果，总结经验，推动区域教育均衡发展。

八、长期战略与规划

1. 长期发展规划

战略规划：制定区域教育均衡发展的长期战略规划，明确发展目标和路径，确保政策的连续性和稳定性。

滚动实施：分阶段、分步骤推进区域教育均衡发展，及时调整和优化发展策略。

2. 持续改进机制

动态评估：建立动态评估机制，定期对教育均衡发展情况进行评估和反馈，及时发现问题并调整策略。

改进措施：根据评估结果，制定并实施改进措施，确保区域教育均衡发展目标的实现。

通过上述策略的综合实施，可以有效优化教育资源配置，缩小区域教育差距，推动区域教育的均衡发展，最终实现教育公平和质量提升。

第二节 经济欠发达地区教师的支持措施

区域教育发展不均衡是全球范围内的一个普遍问题，尤其在发展中国家和地区表现得尤为突出。在中国，经济欠发达地区的教育问题更为显著，影响了当地学生的教育机会和质量，也制约了地区的社会经济发展。要解决这一问题，不仅需要政府和社会的共同努力，还需要针对教师的特别支持。以下将从多个方面探讨如何解决区域教育发展不均衡的问题，并提出支持经济欠发达地区教师的具体措施。

一、区域教育发展不均衡的现状与成因

1. 现状

（1）**教育资源分布不均**：经济发达地区拥有较为丰富的教育资源，包括优质的师资力量、先进的教学设备和丰富的教材资源。而在经济欠发达地区，教育资源相对匮乏，学校设施陈旧，教学设备落后，师资力量薄弱。

（2）**教育质量差异显著**：由于教育资源的不均衡分布，导致学生在学业成绩、综合素质、升学率等方面表现出明显差距。经济发达地区的学生在学科竞赛、升学考试等方面具有明显优势，而经济欠发达地区的学生则面临更大的竞争压力。

（3）**教育投入不足**：经济欠发达地区的教育经费投入相对较少，导致学校基础设施陈旧、教师待遇偏低、教学资源匮乏。这进一步加剧了教育质量的差距。

2. 成因

（1）**经济发展水平的差异**：经济发展水平直接影响教育经费的投入。经济发达地区拥有更多的财力支持教育发展，而经济欠发达地区则面临财政紧张的问题，难以为教育提供足够的资金支持。

（2）**政策支持力度不均**：尽管国家和地方政府制定了一系列政策来促进教育公平，但在实际执行中，政策支持的力度和效果存在差异。一些政策在实施

过程中未能有效覆盖到经济欠发达地区，导致这些地区在教育发展中处于劣势。

（3）**师资力量不足**：经济欠发达地区难以吸引和留住高素质教师。一方面，由于待遇低、生活条件差，许多优秀教师不愿到这些地区任教；另一方面，现有教师的培训和发展机会有限，难以提升其专业素质和教学能力。

二、解决区域教育发展不均衡的策略

1. 增加教育经费投入

（1）**国家财政支持**：国家应加大对经济欠发达地区的教育财政支持，确保教育经费的充足供应。这包括增加中央财政转移支付，提高对欠发达地区的教育专项拨款，确保教育经费优先用于改善学校基础设施、提高教师待遇和购买教学设备。

（2）**地方政府投入**：地方政府应根据当地实际情况，增加对教育的财政投入。可以通过调整财政支出结构，优先保障教育经费，并探索多种融资渠道，如发行教育债券、引入社会资本等，筹措更多资金支持教育发展。

（3）**社会力量参与**：鼓励企业、社会团体和个人捐资助学，共同推动教育事业的发展。可以通过设立教育基金、实施教育捐赠税收优惠政策等方式，吸引更多社会力量参与教育投入。同时，积极推广企业参与教育合作项目，支持学校建设和教师培训。

2. 改善教育资源配置

（1）**优化师资配置**：通过政策引导和激励机制，鼓励优秀教师到经济欠发达地区任教。可以通过设立专项补贴、提供住房保障、改善生活条件等措施，吸引优秀教师扎根欠发达地区。同时，实施教师轮岗交流制度，促进优质师资力量在不同地区之间的流动和共享。

（2）**推动教育信息化**：利用现代信息技术，推进教育资源共享，实现优质教育资源的均衡分布。可以通过建设网络教育平台，提供优质课程资源和教学视频，实现远程教学和在线辅导，缩小地区间教育资源的差距。同时，推动学校信息化建设，提高教师的信息化教学能力，促进信息技术与教育教学的深度融合。

（3）**建设教育联盟**：建立区域教育合作联盟，促进发达地区与欠发达地区学校的合作交流。可以通过结对帮扶、资源共享、联合办学等方式，推动两地学校在师资培训、课程开发、教学研究等方面的合作，提升欠发达地区的教育水平。

3. 强化教育政策支持

（1）**制定差异化政策**：根据不同地区的实际情况，制定针对性的教育发展政策，促进教育公平。可以根据地区经济发展水平、人口规模、教育资源现状等因素，制定科学合理的教育发展规划，明确各地教育发展目标和任务，因地制宜地实施教育政策。

（2）**加大政策倾斜力度**：在师资培训、教育经费、基础设施建设等方面，加大对经济欠发达地区的政策倾斜力度。可以通过设立专项资金、实施优惠政策等方式，重点支持欠发达地区的教育发展。同时，建立健全教育督导和评估机制，确保各项政策措施落实到位，取得实效。

（3）**完善监督机制**：建立健全教育督导和评估机制，确保教育政策的落实和执行。可以通过设立独立的教育督导机构，对各地教育发展情况进行定期检查和评估，发现问题及时整改。同时，加强教育统计和信息公开，确保教育政策的透明度和公正性，增强社会各界对教育工作的监督和支持。

4. 提升教师待遇和地位

（1）**提高教师待遇**：通过提高工资待遇、提供住房补贴等措施，提升教师的经济地位，吸引更多优秀人才投身教育事业。可以根据不同地区的实际情况，制定合理的教师工资标准，逐步缩小地区间的待遇差距。同时，建立教师绩效考核和奖励机制，激励教师不断提高教学质量和水平。

（2）**改善工作环境**：改善教师的工作条件和生活环境，提供更多的职业发展机会，增强教师的职业认同感和归属感。可以通过建设教师周转房、提供医疗保障、设立教师休假制度等措施，解决教师的后顾之忧，提高他们的工作积极性和稳定性。

（3）**加强教师培训**：定期开展教师培训，提高教师的专业素质和教学能力，促进教师的持续发展。可以通过组织教师参加各类培训班、学术研讨会、教学观摩活动等，提高他们的教学水平和科研能力。同时，建立教师自主学习和继续教育机制，鼓励教师不断学习和进步。

三、经济欠发达地区教师的支持措施

1. 提供物质支持

（1）**提高工资水平**：通过财政拨款，提高经济欠发达地区教师的工资水平，增强教师的经济保障。可以根据当地的物价水平和经济发展情况，制定合理的教师工资标准，确保教师的基本生活需求得到满足。

（2）**住房和生活补贴**：提供住房补贴和生活补贴，解决教师的后顾之忧，吸引优秀教师到欠发达地区任教。可以通过建设教师周转房、提供住房租赁补贴等措施，改善教师的居住条件。同时，设立生活补贴，帮助教师解决生活中的实际困难，增强他们的工作稳定性和满意度。

（3）**教学设备更新**：定期更新教学设备和教材，提高教学质量，减轻教师的教学负担。可以通过政府采购、社会捐赠等方式，为学校配备先进的教学设备和丰富的教学资源，提升教育教学水平。同时，加强对教师的设备使用培训，帮助他们熟练掌握现代教学工具，提升教学效果。

2. 加强培训和职业发展

（1）**开展定期培训**：定期组织教师参加各类专业培训，提高教师的专业素养和教学能力。可以通过与高等院校、教育研究机构合作，开展针对性的培训项目，帮助教师掌握最新的教育理念和教学方法。同时，鼓励教师参加学历提升教育，提高他们的学术水平和职业素质。

（2）**建立交流机制**：建立发达地区与欠发达地区教师的交流机制，促进教学经验的分享和互补。可以通过教师互派、挂职锻炼、教学观摩等形式，促进两地教师在教学理念、教学方法、教育管理等方面的交流与合作，提升欠发达地区教师的教学水平和综合素质。

（3）**提供晋升机会**：为教师提供更多的职业晋升机会，激励教师不断进取和提升自我。可以通过建立教师职称评定、岗位晋升等机制，激励教师在教学科研、班级管理、教育创新等方面不断努力和进步。同时，设立教师荣誉奖项，表彰在教育工作中表现突出的优秀教师，增强他们的职业荣誉感。

第三节 城乡教师交流与合作机制

城乡教育发展不均衡问题，是影响我国教育质量整体提升的关键因素之一。要解决这一问题，必须构建城乡教师交流与合作机制，通过资源共享、经验交流和教学互助，实现教育资源的优化配置和教师专业素养的共同提升。

一、城乡教师交流与合作的必要性

1. 促进教育资源均衡

城乡之间的教育资源存在显著差异，城市学校普遍拥有更优质的教育资源，包括现代化的教学设施、丰富的教学材料以及高水平的师资力量。通过城乡教师的交流与合作，可以将城市的优质教育资源引入乡村学校，缓解乡村教育资源匮乏的现状，逐步实现教育资源的均衡配置。

2. 提升教师专业素养

城乡教师在教学经验、专业素养和教育理念上存在一定差异。城市教师在教学方法、教育科研和课堂管理等方面通常具有较为丰富的经验，而乡村教师在扎根基层、因地制宜的教学实践中也积累了宝贵的经验。通过城乡教师的相互交流与合作，可以互通有无，取长补短，促进教师专业素养的共同提升。

3. 推动教育公平

教育公平是社会公平的重要组成部分，城乡教师交流与合作机制的建立，有助于打破城乡教育壁垒，缩小城乡教育差距，为每一个孩子提供公平的教育机会。这不仅是实现教育公平的必然要求，也是推进社会公平正义的重要举措。

二、城乡教师交流与合作的现状与挑战

1. 现状

近年来，国家和各地政府高度重视城乡教师交流与合作机制的建设，出台了一系列政策措施，推动城乡教师的交流与合作。例如，通过"城乡教师对口

支援计划""城乡教师轮岗交流"等项目，鼓励城市教师到乡村支教，乡村教师到城市学习进修，一定程度上促进了城乡教育资源的流动和共享。

2. 挑战

尽管城乡教师交流与合作机制取得了一定成效，但仍面临一些挑战和问题：

（1）机制不完善：部分地区城乡教师交流与合作机制不够完善，缺乏系统的制度保障和长效机制，导致交流合作流于形式，难以产生实际效果。

（2）激励不足：城乡教师交流与合作需要一定的激励机制，当前的激励措施尚不充分，部分教师缺乏参与交流合作的积极性。

（3）资源分配不均：城乡教师交流与合作过程中，资源分配不均的问题依然存在，尤其是乡村学校在接收城市教师支援时，往往面临资源不足、配套措施不到位等困难。

三、城乡教师交流与合作机制的构建

1. 建立制度保障

要构建有效的城乡教师交流与合作机制，必须从制度层面进行保障。各级政府应出台相关政策法规，明确城乡教师交流与合作的具体实施办法，建立健全教师交流合作的长效机制。例如，制定城乡教师轮岗交流制度，规定交流周期和交流内容，确保交流合作的持续性和规范性。

2. 完善激励机制

为了调动教师参与城乡交流与合作的积极性，需要建立完善的激励机制。可以通过以下措施进行激励：

物质激励：对参与交流合作的教师给予一定的经济补助和生活保障，解决教师的后顾之忧。

职业发展激励：将城乡教师交流与合作纳入教师职业发展的考核体系，作为教师职称评定、晋升和评优的重要依据。

荣誉激励：对在城乡教师交流与合作中表现突出的教师，给予荣誉表彰，树立先进典型，发挥示范带动作用。

3. 加强培训与支持

城乡教师交流与合作不仅仅是教师的流动，还需要提供必要的培训和支持，提升交流合作的实效性。可以通过以下途径加强培训与支持：

岗前培训：对即将参与交流合作的教师进行岗前培训，帮助他们了解交流合作的目的、内容和要求，熟悉交流合作地区的教育情况和文化背景。

在岗支持：在交流合作期间，提供专业指导和技术支持，帮助教师解决教学中的实际问题，确保交流合作的顺利进行。

跟踪评价：对城乡教师交流与合作进行跟踪评价，及时总结交流合作的经验和成果，发现问题并加以改进，不断提升交流合作的质量和效果。

4. 推动信息化建设

信息化是促进城乡教师交流与合作的重要手段。通过信息化手段，可以实现教育资源的共享和教师的远程交流与合作。例如：

建设教育资源共享平台：建立城乡教育资源共享平台，汇集优质的教学资源和教育信息，供城乡教师共同使用。

开展远程教学和教研：利用现代信息技术，开展远程教学和教研活动，实现城乡教师的实时互动和交流，分享教学经验和教育成果。

四、城乡教师交流与合作的案例分析

1. 浙江省"山海协作"计划

浙江省实施的"山海协作"计划，是城乡教师交流与合作的成功案例。该计划通过城市与乡村学校的结对帮扶，实现教育资源的共享和教师的双向交流，有效提升了乡村教育水平。例如，通过城市教师到乡村支教、乡村教师到城市进修，促进了城乡教师的共同成长和发展。

2. 北京市"义务教育学校校长教师交流轮岗"项目

北京市的"城乡教师轮岗交流"项目，采用城市教师到乡村任教、乡村教师到城市学习的方式，促进城乡教育资源的流动和共享。该项目不仅提升了乡村教师的专业素养和教学水平，也为城市教师提供了了解基层教育、服务农村教育的机会，推动了城乡教育的共同发展。

城乡教师交流与合作机制的构建，是解决城乡教育发展不均衡问题的重要途径。通过制度保障、激励机制、培训支持和信息化建设，可以促进城乡教育资源的优化配置，提升教师的专业素养，实现教育公平和教育质量的整体提升。在未来的实践中，需不断总结经验，完善机制，推动城乡教师交流与合作向更高水平发展，为实现教育现代化和教育强国目标奠定坚实基础。

第四节 政府政策支持与资金投入

教育是国家发展的基石，教育公平是社会公平的重要体现。然而，区域教育发展不均衡问题长期以来困扰着我国，尤其是在经济欠发达地区，教育资源匮乏、师资力量薄弱等问题依然严峻。要解决这一问题，政府的政策支持和资金投入至关重要。以下将探讨在当前形势下，政府应如何通过政策支持与资金投入，有效解决区域教育发展不均衡的问题。

一、区域教育发展不均衡的现状与原因

1. 现状

尽管我国在教育发展方面取得了显著成就，但区域间的教育差距依然存在。经济发达地区的教育资源丰富，学校设施先进，教师素质高，学生的教育质量普遍较好。而在经济欠发达地区，学校基础设施落后，教学设备陈旧，教师数量不足且素质参差不齐，学生的教育质量难以保证。

2. 原因

区域教育发展不均衡的原因主要有以下几个方面：

（1）**经济发展差距**：经济基础决定教育发展水平。经济发达地区有充足的财力投入教育，而经济欠发达地区则缺乏足够的财政支持，导致教育资源投入不足。

（2）**教育资源分配不均**：优质教育资源主要集中在经济发达地区，经济欠发达地区难以吸引和留住优秀教师，导致教育资源的分配严重不均。

（3）**政策落实不到位**：尽管国家和地方政府出台了诸多促进教育均衡发展的政策，但在实际执行过程中，部分地区由于各种原因，政策落实不到位，效果不明显。

二、政府政策支持的策略

1. 制定科学的教育发展规划

政府应根据各地区的实际情况，制定科学合理的教育发展规划。规划应包括教育资源的配置、教师队伍的建设、学校基础设施的改善等方面的内容，确保政策的可行性和实效性。

2. 实行差异化政策

针对不同地区的实际情况，政府应实行差异化的教育政策。例如，对经济欠发达地区给予更多的政策倾斜和支持，包括资金、人才和项目等方面的优先安排，确保这些地区的教育能够得到有效提升。

3. 加强教育资源的均衡配置

政府应加大对教育资源的统筹力度，合理配置教育资源，特别是优质教育资源。可以通过建立教育资源共享平台，实现教育资源的跨区域流动和共享，促进教育公平。

4. 推动教师队伍建设

教师是教育的关键。政府应加大对教师队伍建设的支持力度，特别是对经济欠发达地区的教师。可以通过提高教师待遇、完善教师培训机制、实施教师轮岗交流等措施，提升教师队伍的整体素质和稳定性。

5. 促进教育信息化发展

教育信息化是实现教育均衡发展的重要手段。政府应加大对教育信息化建设的投入，推动"互联网＋教育"的发展，利用现代信息技术手段，促进教育资源的共享和优质教育的普及。

三、资金投入的策略

1. 加大财政投入

政府应加大对教育的财政投入，特别是对经济欠发达地区的教育投入。财政投入应覆盖教育的各个环节，包括学校基础设施建设、教学设备更新、教师待遇提升等，确保资金投入的全覆盖和高效益。

2. 引导社会资本参与

除了财政投入，政府还应积极引导社会资本参与教育发展。可以通过政策激励、税收优惠等措施，鼓励企业、社会团体和个人捐资助学，共同推动教育事业的发展。

3. 加强资金使用监管

政府应加强对教育资金使用的监管，确保资金使用的公开透明和高效。可以通过建立健全的资金监管机制，实行项目资金的专项审计和绩效评价，确保每一分钱都用在刀刃上。

4. 推动教育扶贫

教育扶贫是解决区域教育发展不均衡问题的重要途径。政府应加大对贫困地区的教育扶贫投入，设立教育扶贫专项资金，确保贫困家庭的孩子都能接受良好的教育。

四、案例分析：当前政府政策支持与资金投入的成功经验

1. "农村义务教育薄弱学校改造计划"

该计划是国家为解决中西部地区23个省份（含兵团）及东部地区福建、山东、辽宁3个困难省份义务教育薄弱学校问题而实施的一项重大工程。通过加大资金投入，改造薄弱学校的基础设施，改善教学环境，提高教学质量。

2. "教育扶贫三年行动计划"

该计划通过设立教育扶贫专项资金，对贫困地区的学校进行重点扶持，改善贫困地区的教育条件，确保贫困家庭的孩子能够接受良好的教育，有效推动了贫困地区教育水平的提升。

3. "互联网＋教育"发展战略

政府通过推动"互联网＋教育"战略，加大对教育信息化的投入，建设教育资源共享平台，促进优质教育资源的共享和普及。通过网络直播课、在线教育平台等形式，将优质教育资源传递到边远贫困地区，有效提升了这些地区的教育质量。

五、未来展望

解决区域教育发展不均衡问题，是一项长期而复杂的任务。未来，政府应继续加大政策支持和资金投入力度，同时探索创新的教育发展模式，推动教育公平和教育质量的整体提升。

1. 加强政策创新

政府应不断创新教育政策，根据实际情况调整和优化政策措施，确保政策的科学性和实效性。可以通过建立教育政策研究机构，开展教育政策的研究和评估，为政策的制定提供科学依据。

2. 推动教育现代化

教育现代化是实现教育公平和教育质量提升的重要途径。政府应加大对教育现代化的投入，推动教育信息化、智能化的发展，利用现代科技手段，提升教育的整体水平和效益。

3. 提升社会参与度

教育事业的发展需要全社会的共同努力。政府应积极引导社会各界参与教育发展，通过政策激励、税收优惠等措施，鼓励企业、社会团体和个人捐资助学，共同推动教育事业的发展。

4. 加强国际交流与合作

政府应加强与国际社会的教育交流与合作，借鉴国际先进的教育理念和经验，为我国教育的发展提供借鉴和参考。可以通过开展国际教育交流项目，促进中外教育的互动与合作，推动教育的国际化发展。

区域教育发展不均衡问题，是影响我国教育质量整体提升和社会公平的重要因素。解决这一问题，政府的政策支持与资金投入至关重要。在当前形势下，通过科学的教育发展规划、差异化政策、教育资源的均衡配置、教师队伍建设和教育信息化发展等措施，大力推动区域教育的均衡发展。同时，加大财政投入，引导社会资本参与，加强资金使用监管，推动教育扶贫，确保教育资金的高效使用。通过这些努力，逐步实现教育公平和教育质量的整体提升，为实现教育现代化和教育强国目标奠定坚实基础。

第八章 初中教师培训体系的构建与完善

第一节 初中教师培训需求的调研与分析

初中教师是基础教育的中坚力量，其专业素养和教学水平直接影响学生的学业成绩和全面发展。要提高初中教育质量，必须构建完善的教师培训体系，而培训需求的调研与分析是构建这一体系的基础。只有全面了解教师的实际需求，才能制定出切实有效的培训方案，提升教师的教学能力和专业水平。

一、初中教师培训需求调研的意义

1. 提升教师专业素养

通过对初中教师培训需求的调研，可以全面了解教师在专业知识、教学方法、教育理念等方面的不足，制定有针对性的培训方案，帮助教师提升专业素养，适应教育改革和发展的需要。

2. 优化培训资源配置

教师培训资源有限，合理配置这些资源是提升培训效果的关键。通过调研，可以确定教师最迫切的培训需求，将有限的资源优先用于解决这些问题，确保培训资源的高效利用。

3. 改进培训内容与方式

传统的教师培训内容和方式往往缺乏针对性，难以满足教师的实际需求。调研可以帮助了解教师的具体需求和偏好，改进培训内容和方式，使培训更具实效性和吸引力。

4. 提升教育教学质量

教师的专业水平直接影响教育教学质量。通过有效的培训，提高教师的专业能力和教学水平，进而提升整个初中阶段的教育教学质量，为学生的全面发展奠定坚实基础。

二、初中教师培训需求调研的内容

1. 教学技能需求

初中教师在实际教学中面临许多具体问题，如课堂管理、教学设计、作业批改、考试命题等。调研应详细了解教师在这些方面的需求，确定需要重点培训的教学技能。

2. 学科知识需求

随着新课程改革的推进，各学科的知识体系和教学要求不断更新。调研应了解教师在学科知识更新、学科前沿动态等方面的需求，帮助教师不断充实和更新专业知识。

3. 教育理念需求

现代教育理念不断发展，教师需要不断更新教育观念，适应新的教育形势。调研应了解教师在教育理念更新、教育政策解读等方面的需求，帮助教师树立科学的教育观。

4. 教育技术需求

信息技术的发展对教育产生了深远影响。调研应了解教师在信息技术应用、教育技术工具使用等方面的需求，帮助教师掌握现代教育技术，提高教学效率。

5. 职业发展需求

教师职业发展是教师培训的重要内容。调研应了解教师在职称评定、职业规划、专业发展等方面的需求，帮助教师制定职业发展规划，提升职业幸福感和成就感。

三、初中教师培训需求调研的方法

1. 问卷调查法

问卷调查是一种常用的调研方法，通过设计科学、合理的问卷，收集教师在各方面的培训需求。问卷调查的优点是能够覆盖广泛的教师群体，数据处理方便，结果直观。

2. 访谈法

访谈法是一种深入了解教师需求的调研方法。通过与教师进行面对面的交流，了解他们的真实想法和具体需求。访谈法的优点是能够获取详细、深刻的信息，适合用于调研的补充和验证。

3. 小组讨论法

小组讨论法是通过组织教师进行讨论，收集他们的培训需求。这种方法的优点是能够激发教师的思考和讨论，获取多方面的意见和建议，适合用于调研的深入分析。

4. 案例分析法

通过分析具体的教学案例，了解教师在教学实践中遇到的问题和困难，从而确定培训需求。案例分析法的优点是能够结合实际教学情境，发现培训需求的细节问题。

5. 文献分析法

通过查阅相关文献，了解国内外关于教师培训的研究成果和经验，确定初中教师培训的需求方向。文献分析法的优点是能够获取全面、系统的理论支持，帮助制定科学的调研方案。

四、初中教师培训需求调研的实施步骤

1. 制定调研方案

根据调研的目标和内容，制定详细的调研方案，包括调研方法、调研对象、调研工具、调研时间等。调研方案应科学合理，具有可操作性和可行性。

2. 设计调研工具

根据调研方案，设计合适的调研工具，如问卷、访谈提纲、小组讨论主题等。调研工具应简洁明了，能够准确反映教师的实际需求。

3. 组织调研实施

按照调研方案，组织调研的实施。具体包括联系调研对象，发放问卷，安排访谈和小组讨论等。调研实施过程中应注意调研的客观性和公正性，确保数据的准确性和真实性。

4. 数据分析与处理

调研数据收集后，进行系统的分析和处理。可以采用统计分析软件对问卷数据进行定量分析，对访谈和小组讨论记录进行定性分析，得出教师的培训需求。

5. 撰写调研报告

根据数据分析的结果，撰写调研报告。调研报告应包括调研的背景、目标、方法、结果和建议等内容，全面反映教师的培训需求，为培训体系的构建提供科学依据。

五、初中教师培训需求调研的案例分析

案例1：某市初中教师信息技术应用培训需求调研

【背景】　　　随着信息技术的发展，信息化教学已成为现代教育的重要组成部分。某市教育局为了提升初中教师的信息技术应用能力，开展了一次全市范围内的调研。

【调研方法】采用问卷调查法和访谈法相结合的方式。问卷调查覆盖全市

各初中，访谈选取不同类型的学校和教师代表。

【调研结果】调研结果显示，大部分教师在信息技术应用方面存在较大的培训需求，具体包括多媒体教学设备的使用、网络教学资源的获取与利用、在线教学平台的操作等。

【建议】　　　根据调研结果，建议市教育局组织系统的信息技术应用培训，包括基础操作培训、高级应用培训和教学案例分享等，提高教师的信息化教学水平。

案例2：某县初中教师职业发展需求调研

【背景】　　　为了提升教师的职业幸福感和成就感，某县教育局开展了一次针对初中教师职业发展需求的调研。

【调研方法】采用小组讨论法和文献分析法相结合的方式。小组讨论覆盖全县各初中，文献分析参考国内外教师职业发展的相关研究。

【调研结果】调研结果显示，教师在职称评定、职业规划、专业发展等方面存在较大的培训需求。特别是青年教师，希望得到更多的职业发展指导和支持。

【建议】　　　根据调研结果，建议县教育局开展系统的职业发展培训，包括职称评定政策解读、职业规划指导、专业发展路径设计等，帮助教师提升职业素养和发展能力。

六、初中教师培训需求调研的效果评价

1. 培训内容的针对性

通过调研，制定的培训方案能够准确反映教师的实际需求，使培训内容更具针对性，提升培训效果。

2. 培训资源的优化配置

调研帮助确定培训的重点领域和关键问题，使培训资源能够得到合理配置，避免资源浪费和重复投入。

3. 培训效果的提升

针对性强的培训内容和合理配置的培训资源，使得培训效果显著提升。教师在培训中能够学有所获，切实提升教学能力和专业水平。

4. 教师满意度的提高

通过调研制定的培训方案，能够满足教师的实际需求，提高教师对培训的满意度和参与度，形成良好的培训氛围。

初中教师培训需求的调研与分析，是构建和完善教师培训体系的基础。通过科学、系统的调研，可以全面了解教师的实际需求，制定有针对性的培训方案，提升教师的专业素养和教学水平。调研应采用多种方法，结合实际情况，确保调研的客观性和科学性。在未来的实践中，需不断总结经验，完善调研方法，推动教师培训体系的持续改进和发展，为提升初中教育质量奠定坚实基础。

第二节 科学规划教师培训内容与目标

教师培训是提高教师专业素养和教学水平的重要途径。科学规划教师培训内容与目标，不仅可以提升教师的教育教学能力，还能推动教育质量的整体提升。本节将深入探讨如何科学规划教师培训内容与目标，为构建高效、实用的教师培训体系提供指导。

一、教师培训的重要性

1. 提升教师专业素养

教师的专业素养直接关系到教育教学质量。通过系统的培训，教师可以不断更新和提升自己的专业知识和技能，适应教育改革和发展的需要。

2. 促进教育公平

优质教师资源的均衡配置是实现教育公平的重要保障。通过培训，可以提升薄弱地区教师的教学水平，缩小区域间、校际间的教育差距，促进教育公平。

3. 推动教育创新

教育创新离不开教师的积极参与和引导。通过培训，教师可以学习和掌握新的教育理念和教学方法，推动教育创新，提升教育质量。

4. 增强教师职业幸福感

教师培训不仅可以提高教师的专业能力，还可以增强他们的职业认同感和幸福感。科学规划的培训内容和目标，能够帮助教师实现职业发展的愿望，提升职业满意度。

二、科学规划教师培训内容的原则

1. 需求导向

培训内容的规划应基于教师的实际需求。通过调研和分析，了解教师在专业知识、教学技能、教育理念等方面的需求，制定有针对性的培训内容，确保培训的实效性。

2. 前瞻性

培训内容应具有前瞻性，关注教育发展的趋势和前沿动态，引导教师学习和掌握最新的教育理论和实践，提升教师的创新能力和适应能力。

3. 系统性

培训内容的规划应具有系统性，既要涵盖教师专业发展的各个方面，又要注重不同内容之间的内在联系，形成一个有机的整体，确保培训内容的全面性和系统性。

4. 多样性

培训内容应具有多样性，既要包括理论知识的学习，又要注重实践能力的培养；既要关注学科专业知识，又要重视综合素养的提升，满足教师多方面、多层次的需求。

三、教师培训内容的科学规划

（一）专业知识培训

1. 学科知识更新

学科知识是教师专业素养的基础。培训应包括学科知识的更新，帮助教师掌握学科前沿动态和最新研究成果，提升教师的学科专业水平。

2. 跨学科知识拓展

现代教育要求教师具备一定的跨学科知识。培训应包括跨学科知识的拓展，帮助教师了解和掌握相关学科的基本知识和方法，提升教师的综合素养和跨学科教学能力。

（二）教学技能培训

1. 教学设计与实施

教学设计与实施是教师教学工作的核心。培训应包括教学设计与实施的内容，帮助教师掌握科学的教学设计方法和有效的教学实施策略，提升教师的课堂教学能力。

2. 课堂管理与调控

课堂管理与调控是教师提高教学效果的重要手段。培训应包括课堂管理与调控的内容，帮助教师掌握有效的课堂管理技巧和学生行为调控方法，营造良好的课堂教学环境。

3. 作业批改与评价

作业批改与评价是教师教学工作的重要组成部分。培训应包括作业批改与评价的内容，帮助教师掌握科学的作业批改方法和有效的教学评价策略，提升教师的教学反馈能力。

（三）教育理念培训

1. 现代教育理念

现代教育理念是教师教育观念的重要组成部分。培训应包括现代教育理念的内容，帮助教师树立科学的教育观、学生观和教学观，提升教师的教育理念水平。

2. 教育政策解读

教育政策是指导教师教学工作的纲领性文件。培训应包括教育政策的解读，帮助教师了解和掌握国家和地方的教育政策，指导教师科学开展教学工作。

（四）教育技术培训

1. 信息技术应用

信息技术是现代教育的重要工具。培训应包括信息技术应用的内容，帮助教师掌握多媒体教学设备的使用、网络教学资源的获取与利用、在线教学平台的操作等，提高教师的信息化教学能力。

2. 教育技术工具使用

教育技术工具是提高教学效率的重要手段。培训应包括教育技术工具使用的内容，帮助教师掌握教育技术工具的基本操作和应用方法，提升教师的教育技术水平。

（五）教育科研培训

1. 教育科研方法

教育科研是教师专业发展的重要途径。培训应包括教育科研方法的内容，帮助教师掌握科学的教育科研方法和技术，提升教师的教育科研能力。

2. 教育科研项目设计

教育科研项目是教师开展教育科研的重要载体。培训应包括教育科研项目设计的内容，帮助教师掌握教育科研项目的设计思路和实施策略，提升教师的教育科研水平。

（六）职业发展培训

1. 职称评定

职称评定是教师职业发展的重要环节。培训应包括职称评定的内容，帮助教师了解职称评定的政策和程序，指导教师科学规划职业发展路径。

2. 职业规划

职业规划是教师职业发展的重要内容。培训应包括职业规划的内容，帮助教师制定科学的职业发展规划，提升教师的职业幸福感和成就感。

四、教师培训目标的科学设定

（一）总体目标

1. 提升教师专业素养

通过系统的培训，提升教师的学科专业水平、教学技能、教育理念、教育技术和教育科研能力，培养一支高素质的教师队伍。

2. 促进教师职业发展

通过科学的职业规划和指导，帮助教师明确职业发展目标，提升教师的职业满意度和幸福感，推动教师的专业成长和职业发展。

（二）具体目标

1. 知识目标

通过培训，使教师掌握学科专业知识、跨学科知识和现代教育理念，提升教师的知识水平和理论素养。

2. 技能目标

通过培训，使教师掌握科学的教学设计方法、有效的课堂管理技巧、信息技术应用和教育科研方法，提升教师的教学技能和科研能力。

3. 态度目标

通过培训，使教师树立科学的教育观、学生观和教学观，提升教师的教育理念水平，培养教师的职业认同感和幸福感。

五、教师培训内容与目标的实施策略

1. 制定科学的培训计划

根据教师的实际需求和培训目标，制定科学的培训计划。培训计划应包括培训内容、培训方式、培训时间、培训对象等，确保培训的系统性和实效性。

2. 选择合适的培训方式

根据培训内容和目标，选择合适的培训方式。可以采用集中培训、校本培训、网络培训、专家讲座、教学观摩、课题研究等多种方式，提升培训的效果和吸引力。

3. 提供优质的培训资源

优质的培训资源是提升培训效果的重要保障。可以通过邀请专家学者授课、开发优质培训教材、建设教育资源共享平台等方式，提供优质的培训资源，提升培训的质量和水平。

4. 加强培训效果评价

培训效果评价是确保培训质量的重要手段。可以通过问卷调查、访谈、教学观察、教学成果展示等方式，对培训效果进行全面评价，及时发现和解决培训中存在的问题，提升培训的实效性。

5. 建立培训长效机制

教师培训是一个长期的、持续的过程。应建立培训的长效机制，确保培训的持续性和系统性。可以通过制定培训制度、建立培训档案、设立培训激励机制等方式，推动教师培训的常态化和制度化。

六、案例分析：科学规划教师培训内容与目标的成功经验

案例1：上海市课外教师专业发展平台

【背景】上海市教育委员会为了提升全市教师的专业素养，开展了一系列教师专业发展培训。

【培训内容】培训内容涵盖学科知识更新、教学技能提升、现代教育理念、信息技术应用、教育科研方法等多个方面。

【培训目标】提升教师的学科专业水平、教学技能和教育理念，促进教师的专业发展和职业成长。

【实施策略】通过集中培训、校本培训、网络培训、专家讲座、教学观摩等多种方式，提供优质的培训资源，加强培训效果评价，建立培训长效机制，确保培训的系统性和实效性。

【效果评价】培训效果显著，教师的专业水平和教学能力得到了大幅提升，教学质量和教育水平也得到了显著提高。

案例 2：北京市教育科研培训

【背景】 北京市教育委员会为了提升教师的教育科研能力，开展了一系列教育科研培训。

【培训内容】培训内容包括教育科研方法、教育科研项目设计、教育科研成果展示等。

【培训目标】提升教师的教育科研能力，推动教师的专业发展和教育创新。

【实施策略】通过专家讲座、课题研究、教学观摩、成果展示等多种方式，提供优质的培训资源，加强培训效果评价，建立培训长效机制，确保培训的系统性和实效性。

【效果评价】培训效果显著，教师的教育科研能力得到了大幅提升，教育科研成果也得到了显著增加，推动了教育创新和发展。

七、未来展望

科学规划教师培训内容与目标，是提升教师专业素养和教学水平的重要途径。未来，需不断总结经验，完善培训内容和目标，提升培训的质量和水平，为实现教育现代化和教育强国目标提供有力支持。

1. 加强培训需求调研

培训需求调研是制定科学培训内容和目标的基础。应不断加强培训需求调研，了解教师的实际需求，制定有针对性的培训方案，确保培训的实效性。

2. 创新培训方式

培训方式的创新是提升培训效果的重要手段。应不断创新培训方式，结合现代信息技术，开展多种形式的培训，提升培训的吸引力和实效性。

3. 提供优质培训资源

优质培训资源是提升培训效果的重要保障。应不断提供优质的培训资源，建设教育资源共享平台，提升培训的质量和水平。

4. 加强培训效果评价

培训效果评价是确保培训质量的重要手段。应不断加强培训效果评价，及时发现和解决培训中存在的问题，提升培训的实效性。

5. 建立培训长效机制

教师培训是一个长期的、持续的过程。应不断建立和完善培训的长效机制，确保培训的持续性和系统性，推动教师培训的常态化和制度化。

科学规划教师培训内容与目标，是提升教师专业素养和教学水平的重要途径。通过系统的培训，提升教师的学科专业水平、教学技能、教育理念、教育技术和教育科研能力，培养一支高素质的教师队伍，促进教师的专业化发展和职业成长，推动教育质量的整体提升。在未来的实践中，需不断总结经验，完善培训内容和目标，提升培训的质量和水平，为实现教育现代化和教育强国目标奠定坚实基础。

第三节 多样化的培训模式设计

随着教育改革的不断深化和教师专业化发展的要求，教师培训模式需要不断创新和多样化，以适应不同教师群体的需求，提高培训的实效性和吸引力。本节将从理论和实践两个方面，深入探讨多样化的教师培训模式设计，为提升教师培训质量提供参考。

一、教师培训模式多样化的必要性

1. 满足教师多样化需求

教师的教学背景、教学经验、专业素养和个人发展需求各不相同。单一的培训模式难以全面满足所有教师的需求，多样化的培训模式可以根据教师的具体情况量身定制培训内容，提高培训的针对性和实效性。

2. 提升培训效果

传统的教师培训模式往往以讲座和课堂教学为主，形式单一，难以调动教师的积极性和参与度。多样化的培训模式通过丰富培训形式和内容，可以激发教师的学习兴趣，增强培训效果。

3. 促进教师自主发展

多样化的培训模式强调教师的主动参与和自主学习，通过多种形式的培训活动，鼓励教师自我反思、自我提升，促进教师的专业自主发展。

二、多样化培训模式的理论基础

1. 建构主义学习理论

建构主义学习理论认为，知识是通过学习者主动建构的过程，而不是被动接受的结果。教师培训应注重参与式、互动式和探究式学习，激发教师的主动性和创造性。

2. 成人学习理论

成人学习理论强调成人学习者具有自我导向、经验丰富、学习动机强等特点。教师作为成年学习者，其培训应注重实际经验的分享和应用，提供自主学习和探究的机会。

3. 多元智能理论

多元智能理论认为，人的智能是多元的，包括语言智能、逻辑数学智能、空间智能、音乐智能、身体运动智能、人际智能、内省智能和自然观察智能等。教师培训应根据不同教师的智能特点，设计多样化的培训模式，发挥每位教师的潜能。

三、多样化培训模式的设计原则

1. 需求导向原则

培训模式的设计应以教师的实际需求为导向，通过需求调研和分析，了解教师在专业知识、教学技能、教育理念等方面的需求，制定有针对性的培训方案。

2. 参与互动原则

培训模式的设计应注重教师的参与和互动，通过多种形式的培训活动，激发教师的学习兴趣，增强培训的实效性。

3. 实践应用原则

培训模式的设计应注重理论与实践相结合，通过案例分析、教学观摩、实践操作等形式，帮助教师将所学知识应用于教学实践，提升教学效果。

4. 持续发展原则

教师培训应是一个持续的过程，培训模式的设计应注重培训的系统性和持续性，通过建立长效机制，保障培训的长期效果。

四、多样化的培训模式设计

（一）集中培训模式

1. 专家讲座

邀请教育专家和学者为教师进行专题讲座，讲解教育理论、教学方法、教育政策等内容，帮助教师更新教育观念，提升专业素养。

2. 教学研讨会

组织教师参加教学研讨会，通过专题报告、分组讨论、案例分析等形式，分享教学经验，探讨教学问题，提升教师的教学水平和科研能力。

（二）校本培训模式

1. 教学观摩

组织校内或跨校教学观摩活动，教师通过观摩优秀教师的课堂教学，学习先进的教学方法和课堂管理技巧，提升自己的教学能力。

2. 同伴互助

建立教师合作团队，通过同伴互助的方式，共同备课、听课、评课，相互学习，相互促进，提升教师的教学能力和合作精神。

3. 校本教研

在校内开展校本教研活动，围绕教学中的实际问题，开展专题研究和教学实验，提升教师的科研能力和教学水平。

（三）网络培训模式

1. 在线课程

利用互联网开设在线课程，教师可以根据自己的时间和需求，自主选择课程进行学习，提升专业素养和教学能力。

2. 网络研修

通过网络平台开展教师网络研修活动，教师可以在网络上进行学习交流、问题讨论、经验分享，提升自己的专业水平。

3. 微课培训

通过录制和观看微课视频，教师可以学习到具体的教学技巧和方法，提升自己的课堂教学能力。

（四）实践培训模式

1. 教学实习

组织教师到其他学校进行教学实习，了解不同学校的教学模式和管理经验，提升自己的教学能力和管理水平。

2. 社区服务

组织教师参加社区服务活动，通过与社区的互动，了解学生的家庭和社会背景，提升教师的教育管理能力和社会责任感。

3. 企业实践

组织教师到企业进行实践，了解企业对人才的需求和岗位技能要求，提升教师的职业教育能力和就业指导能力。

（五）项目培训模式

1. 教育科研项目

鼓励教师参与教育科研项目，通过实际的科研活动，提升教师的科研能力和创新能力。

2. 专题培训项目

根据教师的需求，设立专题培训项目，针对某一特定领域或主题，开展深入的培训活动，提升教师的专业水平。

3. 国际交流项目

组织教师参加国际交流项目，通过与国外教师的交流学习，了解国际先进的教育理念和教学方法，提升教师的国际视野和教育水平。

五、多样化培训模式的实施策略

1.需求调研与分析

培训模式的设计和实施应以教师的实际需求为基础。通过问卷调查、访谈、小组讨论等方式，了解教师在专业知识、教学技能、教育理念等方面的需求，为培训模式的设计提供依据。

2.制定培训计划

根据需求调研的结果，制定科学合理的培训计划。培训计划应包括培训目标、培训内容、培训方式、培训时间、培训对象等，确保培训的系统性和实效性。

3.选择培训资源

培训资源的选择是提高培训质量的重要保障。应根据培训内容和目标，选择合适的培训资源，包括专家学者、培训教材、培训平台等，确保培训资源的优质性和适用性。

4.组织培训实施

根据培训计划，组织实施各类培训活动。在实施过程中，应注重培训的过程管理和质量监控，确保培训的顺利进行和预期效果的实现。

5.培训效果评价

培训效果评价是确保培训质量的重要手段。应通过问卷调查、访谈、教学观察、教学成果展示等方式，对培训效果进行全面评价，及时发现和解决培训中存在的问题，提升培训的实效性。

6.建立长效机制

教师培训应是一个持续的过程，应建立和完善培训的长效机制，确保培训的持续性和系统性。可以通过制定培训制度、建立培训档案、设立培训激励机制等方式，推动教师培训的常态化和制度化。

六、多样化培训模式的成功案例

案例1：深圳市教师专业发展培训

【背景】　　　深圳市教育局为了提升全市教师的专业素养，开展了一系列教师专业发展培训。

【培训模式】深圳市采用集中培训、校本培训、网络培训和项目培训相结合的多样化培训模式，通过专家讲座、教学观摩、在线课程、教育科研项目等多种形式，提升教师的专业水平和教学能力。

【实施策略】深圳市教育局通过需求调研，制定科学的培训计划，选择优质的培训资源，组织实施各类培训活动，并通过多种方式进行培训效果评价，确保培训的实效性。

【效果评价】培训效果显著，教师的专业水平和教学能力得到了大幅提升，教学质量和教育水平也得到了显著提高。

案例2：全省中小学教师信息技术应用能力提升工程

【背景】　　　浙江省教育厅为了提升教师的信息技术应用能力，开展了一系列信息技术应用培训。

【培训模式】浙江省采用网络培训、集中培训和实践培训相结合的多样化培训模式，通过在线课程、专家讲座、教学实习等多种形式，提升教师的信息技术应用能力。

【实施策略】浙江省教育厅通过需求调研，制定科学的培训计划，选择优质的培训资源，组织实施各类培训活动，并通过多种方式进行培训效果评价，确保培训的实效性。

【效果评价】培训效果显著，教师的信息技术应用能力得到了大幅提升，信息化教学水平也得到了显著提高。

七、未来展望

教师培训模式的多样化设计，是提升教师专业素养和教学能力的重要途径。未来，需不断总结经验，创新培训模式，提升培训质量和水平，为实现教育现代化和教育强国目标提供有力支持。

1. 加强培训需求调研

培训需求调研是制定科学培训模式的基础。应不断加强培训需求调研，了解教师的实际需求，制定有针对性的培训方案，确保培训的实效性。

2. 创新培训方式

培训方式的创新是提升培训效果的重要手段。应不断创新培训方式，结合现代信息技术，开展多种形式的培训，提升培训的吸引力和实效性。

3. 提供优质培训资源

优质培训资源是提升培训效果的重要保障。应不断提供优质的培训资源，建设教育资源共享平台，提升培训的质量和水平。

4. 加强培训效果评价

培训效果评价是确保培训质量的重要手段。应不断加强培训效果评价，及时发现和解决培训中存在的问题，提升培训的实效性。

5. 建立培训长效机制

教师培训是一个长期的、持续的过程。应不断建立和完善培训的长效机制，确保培训的持续性和系统性，推动教师培训的常态化和制度化。

多样化的培训模式设计，是提升教师专业素养和教学能力的重要途径。通过系统的培训，提升教师的学科专业水平、教学技能、教育理念、教育技术和教育科研能力，培养一支高素质的教师队伍，促进教师的专业化发展和职业成长，推动教育质量的整体提升。在未来的实践中，需不断总结经验，创新培训模式，提升培训的质量和水平，为实现教育现代化和教育强国目标奠定坚实基础。

第四节 培训效果的评估与反馈机制

教师培训是提升教育质量的重要手段，而培训效果的评估与反馈机制则是确保培训质量和实效性的关键环节。科学的评估与反馈机制不仅能够帮助发现培训中的问题和不足，及时调整和改进培训方案，还能促进教师的专业成长和发展，提升教师的培训满意度。本节将深入探讨教师培训效果评估与反馈机制的构建与实施。

一、培训效果评估的意义

1. 提升培训质量

通过对培训效果的评估，可以了解培训的实际效果，发现培训中的问题和不足，及时调整和改进培训方案，提升培训的质量和实效性。

2. 促进教师专业成长

培训效果评估可以帮助教师了解自己的进步和不足，激发教师的学习动机，促进教师的专业成长和发展。

3. 提高培训满意度

科学的培训效果评估可以增加培训的透明度和公正性，提高教师对培训的满意度和参与度，形成良好的培训氛围。

4. 优化培训资源配置

通过培训效果评估，可以了解不同培训项目的实际效果，合理配置培训资源，确保培训资源的高效利用。

二、培训效果评估的内容

1. 培训目标达成度

评估培训目标的达成情况是培训效果评估的核心内容。通过对培训目标达成度的评估，可以了解培训的实际效果和教师的学习成果，判断培训是否达到了预期目标。

2. 教师知识与技能提升

评估教师在专业知识、教学技能、教育理念等方面的提升情况，是培训效果评估的重要内容。通过对教师知识与技能提升情况的评估，可以了解培训对教师专业素养提升的实际效果。

3. 教学实践应用

评估教师将所学知识和技能应用于教学实践的情况，是培训效果评估的重要指标。通过对教师教学实践应用情况的评估，可以了解培训对教学质量提升的实际效果。

4. 教师满意度

评估教师对培训的满意度，是培训效果评估的重要内容。通过对教师满意度的评估，可以了解教师对培训内容、培训方式、培训组织等方面的意见和建议，为改进培训方案提供参考。

三、培训效果评估的方法

1. 问卷调查法

问卷调查法是一种常用的培训效果评估方法，通过设计科学、合理的问卷，收集教师对培训效果的评价和意见。问卷调查法的优点是能够覆盖广泛的教师群体，数据处理方便，结果直观。

2. 访谈法

访谈法是一种深入了解培训效果的评估方法。通过与教师进行面对面的交流，了解他们对培训效果的真实感受和具体意见。访谈法的优点是能够获取详细、深刻的信息，适合用于评估的补充和验证。

3. 教学观察法

教学观察法是通过观察教师的课堂教学，了解他们将所学知识和技能应用于教学实践的情况。教学观察法的优点是能够直观地了解培训对教学实践的影响，评估结果真实可靠。

4. 案例分析法

通过分析具体的教学案例，了解教师在教学实践中应用所学知识和技能的情况，从而评估培训的实际效果。案例分析法的优点是能够结合实际教学情境，发现培训效果的细节问题。

5. 学生反馈法

学生是教师教学的直接受益者，通过收集学生对教师教学效果的反馈，可以间接评估教师培训的效果。学生反馈法的优点是能够从学生的视角了解教师的教学水平和培训效果。

四、培训效果反馈机制的构建

1. 建立反馈渠道

建立畅通的反馈渠道，是培训效果反馈机制的基础。可以通过问卷调查、访谈、小组讨论、在线平台等多种方式，收集教师对培训效果的反馈意见，确保反馈渠道的多样性和便捷性。

2. 制定反馈制度

制定科学的反馈制度，是培训效果反馈机制的保障。反馈制度应包括反馈的内容、形式、时间、责任人等，确保反馈工作的规范性和有效性。

3. 及时反馈与改进

及时反馈与改进，是培训效果反馈机制的关键。通过对教师反馈意见的分析，发现培训中的问题和不足，及时调整和改进培训方案，不断提升培训的质量和实效性。

4. 反馈结果公示

反馈结果公示，是培训效果反馈机制的重要环节。通过将反馈结果向全体教师公示，增加培训工作的透明度和公正性，增强教师对培训的信任感和参与度。

5. 反馈激励机制

建立反馈激励机制，是培训效果反馈机制的有效手段。通过对积极参与反馈工作的教师给予一定的激励，如表彰、奖励等，激发教师参与反馈工作的积极性，提升反馈工作的效果。

五、培训效果评估与反馈机制的实施步骤

1. 制定评估与反馈方案

根据培训目标和内容，制定科学的评估与反馈方案。评估与反馈方案应包括评估内容、评估方法、反馈渠道、反馈制度等，确保评估与反馈工作的系统性和科学性。

2. 组织评估与反馈实施

按照评估与反馈方案，组织实施各项评估与反馈工作。具体包括发放问卷、安排访谈、进行教学观察、收集学生反馈等，确保评估与反馈工作的顺利进行。

3. 数据分析与处理

对收集的评估与反馈数据进行系统的分析和处理。可以采用统计分析软件对问卷数据进行定量分析，对访谈记录、教学观察记录等进行定性分析，得出评估与反馈结果。

4. 撰写评估与反馈报告

根据数据分析的结果，撰写评估与反馈报告。评估与反馈报告应包括评估的背景、目标、方法、结果和建议等内容，全面反映培训效果和教师的反馈意见。

5. 公示评估与反馈结果

将评估与反馈结果向全体教师公示。公示内容应包括评估结果、反馈意见、改进措施等，确保评估与反馈工作的透明度和公正性。

6. 改进培训方案

根据评估与反馈结果，及时调整和改进培训方案。改进措施应具有针对性和可操作性，确保培训方案的科学性和实效性。

六、培训效果评估与反馈机制的案例分析

案例1：教育系统干部教师培训工作评估

【背景】 北京市教育委员会为了提升教师专业化发展培训的质量，建立了一套系统的培训效果评估与反馈机制。

【评估与反馈方法】北京市采用问卷调查法、访谈法、教学观察法和学生反馈法相结合的方式，对教师专业化发展培训的效果进行评估与反馈。

【实施步骤】 北京市教育委员会制定了科学的评估与反馈方案，组织实施各项评估与反馈工作，对收集的数据进行系统的分析和处理，撰写评估与反馈报告，并将结果向全体教师公示，及时改进培训方案。

【效果评价】 评估与反馈机制有效提高了培训质量，教师的专业水平和教学能力得到了显著提升，教学质量和教育水平也得到了显著提高。

案例2：上海市中小学（幼儿园）教师信息技术应用能力提升工程

【背景】 上海市教育局为了提升教师信息技术应用培训的质量，建立了一套完善的培训效果评估与反馈机制。

【评估与反馈方法】上海市采用问卷调查法、教学观察法和案例分析法相结合的方式，对教师信息技术应用培训的效果进行评估与反馈。

【实施步骤】 上海市教育局制定了科学的评估与反馈方案，组织实施各项评估与反馈工作，对收集的数据进行系统的分析和处理，撰写评估与反馈报告，并将结果向全体教师公示，及时改进培训方案。

【效果评价】 评估与反馈机制有效提高了培训质量，教师的信息技

术应用能力得到了显著提升，信息化教学水平也得到了显著提高。

七、未来展望

培训效果评估与反馈机制是提升教师培训质量的重要手段。未来，需不断总结经验，完善评估与反馈机制，提升评估与反馈的质量和水平，为实现教育现代化和教育强国目标提供有力支持。

1. 加强评估与反馈的科学性

评估与反馈的科学性是确保培训质量的基础。应不断完善评估与反馈的方法和工具，提升评估与反馈的科学性和可靠性。

2. 提升评估与反馈的实效性

评估与反馈的实效性是提升培训效果的关键。应注重评估与反馈的实际应用，通过及时的反馈与改进，确保培训方案的不断优化和提升。

3. 增强评估与反馈的参与性

评估与反馈的参与性是提升教师满意度的重要保障。应通过多种方式，激发教师参与评估与反馈工作的积极性，提升评估与反馈的效果。

4. 建立评估与反馈的长效机制

评估与反馈的长效机制是确保培训质量的保障。应不断完善评估与反馈的制度和机制，确保评估与反馈工作的持续性和系统性，推动教师培训的常态化和制度化。

培训效果评估与反馈机制是提升教师培训质量和实效性的重要手段。通过科学的评估与反馈，可以发现培训中的问题和不足，及时调整和改进培训方案，提升培训的质量和水平。在未来的实践中，需不断总结经验，完善评估与反馈机制，提升评估与反馈的质量和水平，为实现教育现代化和教育强国目标奠定坚实基础。

第九章 结论与展望

第一节 新时代初中教师专业化发展的总结

随着教育改革的不断深化和新时代教育目标的提出，初中教师的专业化发展成为提升教育质量和实现教育现代化的重要任务。新时代的教师不仅需要具备扎实的专业知识和教学技能，还要具备创新能力、信息技术应用能力以及良好的教育理念和职业素养。本节将总结新时代初中教师专业化发展的关键点和实施路径，以期为推动教师专业化发展提供参考。

一、新时代初中教师专业化发展的背景与意义

1. 教育改革的要求

新时代的教育改革对教师提出了更高的要求。教师不仅要传授知识，还要培养学生的核心素养和综合能力。专业化发展的教师才能更好地适应和推动教育改革，提升教学质量。

2. 教育现代化的目标

教育现代化是国家发展的重要战略目标。实现教育现代化，需要一支高素质、专业化的教师队伍。教师的专业化发展是实现教育现代化的基础和保障。

3. 社会发展的需求

社会的发展对教育提出了新的需求。教师不仅要具备专业知识，还要具备适应社会发展的能力，如信息技术应用能力、创新能力和终身学习能力。专业

化发展的教师才能更好地培养适应未来社会发展的学生。

二、新时代初中教师专业化发展的主要内容

（一）专业知识的深化

1. 学科知识的更新

教师需要不断更新和深化自己的学科知识，掌握学科前沿动态和最新研究成果。通过参加学术研讨会、专业培训和自主学习等方式，提升自己的学科专业水平。

2. 跨学科知识的拓展

现代教育要求教师具备一定的跨学科知识。教师需要了解和掌握相关学科的基本知识和方法，提升自己的综合素养和跨学科教学能力。

（二）教学技能的提升

1. 教学设计与实施

教师需要掌握科学的教学设计方法和有效的教学实施策略。通过培训、实践和反思，不断提升自己的课堂教学能力，优化教学效果。

2. 课堂管理与调控

教师需要掌握有效的课堂管理技巧和学生行为调控方法，营造良好的课堂教学环境，提升教学效果。

3. 作业批改与评价

教师需要掌握科学的作业批改方法和有效的教学评价策略，提升教学反馈能力，促进学生全面发展。

（三）教育理念的更新

1. 现代教育理念

教师需要树立科学的教育观、学生观和教学观。通过学习现代教育理念，

更新教育观念，提升教育理念水平，适应新时代教育发展的需求。

2. 教育政策的理解

教师需要了解和掌握国家和地方的教育政策，指导自己的教学工作。通过政策解读和学习，提升政策理解能力和执行力。

（四）信息技术的应用

1. 信息技术能力

教师需要掌握多媒体教学设备的使用、网络教学资源的获取与利用、在线教学平台的操作等，提高信息化教学能力。

2. 教育技术工具的使用

教师需要掌握教育技术工具的基本操作和应用方法，提升教育技术水平，优化教学过程和效果。

（五）教育科研的能力

1. 教育科研方法

教师需要掌握科学的教育科研方法和技术，提升教育科研能力。通过参加科研项目和课题研究，提升自己的科研水平和创新能力。

2. 教育科研项目设计

教师需要掌握教育科研项目的设计思路和实施策略，提升科研项目设计能力。通过实践和指导，提升科研项目的设计和实施水平。

（六）职业素养的提升

1. 职业道德

教师需要具备良好的职业道德，树立教书育人的责任感和使命感。通过职业道德教育和自我反思，提升职业道德水平。

2. 职业发展规划

教师需要制定科学的职业发展规划，明确职业发展目标和路径。通过职业规划指导和职业发展培训，提升职业发展能力和职业幸福感。

三、 新时代初中教师专业化发展的实施路径

1. 制定科学的培训计划

根据教师的实际需求和专业发展目标，制定科学合理的培训计划。培训计划应包括培训内容、培训方式、培训时间、培训对象等，确保培训的系统性和实效性。

2. 提供优质的培训资源

优质的培训资源是提升培训效果的重要保障。应通过邀请专家学者授课、开发优质培训教材、建设教育资源共享平台等方式，提供优质的培训资源，提升培训的质量和水平。

3. 创新培训方式

培训方式的创新是提升培训效果的重要手段。应通过集中培训、校本培训、网络培训、项目培训等多种方式，提升培训的吸引力和实效性。

4. 加强培训效果评价

培训效果评价是确保培训质量的重要手段。应通过问卷调查、访谈、教学观察、教学成果展示等方式，对培训效果进行全面评价，及时发现和解决培训中存在的问题，提升培训的实效性。

5. 建立培训长效机制

教师培训是一个长期的、持续的过程。应建立和完善培训的长效机制，确保培训的持续性和系统性。通过制定培训制度、建立培训档案、设立培训激励机制等方式，推动教师培训的常态化和制度化。

四、新时代初中教师专业化发展的案例分析

案例1：深圳市教师专业化发展培训

【背景】 深圳市教育局为了提升全市教师的专业素养，开展了一系列教师专业化发展培训。

【实施路径】深圳市采用集中培训、校本培训、网络培训和项目培训相结合的方式，通过专家讲座、教学观摩、在线课程、教育科研项目等多种形式，提升教师的专业水平和教学能力。

【效果评价】培训效果显著，教师的专业水平和教学能力得到了大幅提升，教学质量和教育水平也得到了显著提高。

案例2：北京市教师信息技术应用培训

【背景】 北京市教育委员会为了提升教师的信息技术应用能力，开展了一系列信息技术应用培训。

【实施路径】北京市采用网络培训、集中培训和实践培训相结合的方式，通过在线课程、专家讲座、教学实习等多种形式，提升教师的信息技术应用能力。

【效果评价】培训效果显著，教师的信息技术应用能力得到了大幅提升，信息化教学水平也得到了显著提高。

五、未来展望

新时代初中教师专业化发展是提升教育质量和实现教育现代化的重要任务。未来，需不断总结经验，完善教师专业化发展的路径和方法，提升教师的专业水平和教学能力，为实现教育现代化和教育强国目标奠定坚实基础。

1. 加强教师培训

教师培训是提升教师专业化水平的重要途径。应不断加强教师培训，提升

教师的专业素养和教学能力，推动教师专业化发展。

2. 提供优质教育资源

优质教育资源是提升教育质量的重要保障。应不断提供优质的教育资源，优化教育资源配置，提升教育质量和水平。

3. 创新教育模式

教育模式的创新是提升教育质量的重要手段。应不断创新教育模式，结合现代信息技术，提升教育的实效性和吸引力。

4. 加强教育科研

教育科研是推动教育发展的重要力量。应不断加强教育科研，提升教师的科研能力和创新能力，推动教育的发展和进步。

5. 提升职业素养

教师的职业素养是教师专业化发展的基础。应不断提升教师的职业素养，增强教师的责任感和使命感，推动教师的专业成长和发展。

新时代初中教师专业化发展是提升教育质量和实现教育现代化的重要任务。通过不断提升教师的专业素养和教学能力，推动教师的专业成长和发展，提升教学质量和教育水平。在未来的实践中，需不断总结经验，完善教师专业化发展的路径和方法，提升教师的专业水平和教学能力，为实现教育现代化和教育强国目标奠定坚实基础。

第二节 初中教师专业化发展面临的挑战

初中教师专业化发展是提升教育质量、推动教育现代化的重要任务。然而，在实际实施过程中，初中教师专业化发展面临诸多挑战。这些挑战既包括培训制度层面的，也包括教师个人的专业素养、资源分配和社会环境等多方面的问题。本节将详细分析初中教师专业化发展面临的主要挑战，并探讨应对策略。

一、 培训制度层面的挑战

1. 培训制度不完善

虽然各级教育部门不断推出教师培训计划，但在执行过程中，培训制度不完善的问题依然突出。一些培训计划缺乏科学的规划和系统的安排，导致培训效果不理想。

2. 职业发展通道狭窄

教师的职业发展通道较为狭窄，职称评定、晋升机制不够灵活。许多教师在职业发展中遇到瓶颈，导致职业倦怠感增加，影响其专业化发展的动力。

3. 评估体系缺乏科学性

现有的教师评估体系多侧重于教学成果和学生成绩，忽视了教师的专业成长和发展过程。缺乏科学、全面的评估标准，使得教师的专业化发展难以得到客观评价。

二、 教师个人层面的挑战

1. 专业素养参差不齐

初中教师的专业素养水平存在较大差异。一些教师的学科知识和教学技能相对薄弱，难以适应新时代教育改革的要求。

2. 教育理念相对滞后

部分教师的教育理念相对滞后，仍然停留在传统的应试教育模式上，缺乏现代教育理念和创新精神，难以适应教育现代化的要求。

3. 职业倦怠问题严重

教师工作压力大、工作量繁重，加之职业发展通道狭窄，许多教师出现职业倦怠现象，影响其专业化发展的积极性和主动性。

三、资源分配层面的挑战

1. 培训资源不足

一些地区特别是经济欠发达地区，教师培训资源相对匮乏。培训经费不足、培训设施落后、优质培训师资缺乏等问题严重制约了教师的专业化发展。

2. 教育资源配置不均

教育资源的配置不均导致城乡、区域间的教育差距明显。农村和边远地区的教师难以获得与城市教师同等的培训机会和资源，影响其专业化发展。

3. 信息化资源利用率低

虽然信息化教育资源日益丰富，但部分教师由于缺乏信息技术应用能力或硬件设施条件限制，难以充分利用这些资源进行专业化发展。

四、社会环境层面的挑战

1. 社会对教师的期望值过高

社会对教师的期望值过高，要求教师不仅要教书育人，还要承担大量的社会事务和家校沟通工作。这些额外负担增加了教师的工作压力，影响其专业化发展的精力和时间。

2. 社会对教师的支持力度不足

尽管社会对教师寄予厚望，但对教师的支持力度相对不足。教师的待遇和社会地位与其付出的劳动和责任不成正比，影响其职业认同感和专业化发展的动力。

五、应对策略

1. 完善培训制度

政府和教育部门应完善教师培训制度，制定科学、系统的培训计划，加强培训的监督与评估，确保培训效果。应根据教师的实际需求，提供有针对性的培训内容，提升培训的实效性。

2. 拓宽职业发展通道

应改革教师的职称评定和晋升机制，拓宽教师的职业发展通道。通过建立多元化的评价体系，鼓励教师在教学、科研、管理等方面全面发展，提升职业发展动力。

3. 科学评估教师专业化发展

建立科学、全面的教师评估体系，关注教师的专业成长过程。通过多维度的评价标准，客观评估教师的专业化发展水平，激发教师的专业成长动力。

4. 提升教师专业素养

应通过系统的培训和进修，提高教师的学科知识水平和教学技能。鼓励教师参加学术研讨会和专业培训，提升专业素养，适应新时代教育改革的要求。

5. 更新教育理念

应通过教育政策引导和培训，更新教师的教育理念。推广现代教育理念，鼓励教师创新教学方法，适应教育现代化的发展需求。

6. 增加培训资源投入

政府应加大对教师培训的投入，特别是对经济欠发达地区的支持力度。改善培训设施，增加培训经费，确保每位教师都能享受到优质的培训资源。

7. 均衡教育资源配置

应合理配置教育资源，缩小城乡、区域间的教育差距。通过教育扶贫等措施，提升农村和边远地区教师的培训机会和资源，促进教育公平。

8. 提高信息化资源利用率

应加强教师的信息技术培训，提高教师的信息化教学能力。改善硬件设施条件，确保每位教师都能充分利用信息化教育资源进行专业化发展。

9. 增强社会支持力度

社会各界应加强对教师的支持力度，提高教师的待遇和社会地位。通过多种形式的关爱和支持，提升教师的职业认同感和专业化发展的动力。

初中教师专业化发展是提升教育质量和实现教育现代化的重要任务，但在实际实施过程中面临诸多挑战。通过完善培训制度、拓宽职业发展通道、科学评估教师专业化发展、提升教师专业素养、更新教育理念、增加培训资源投入、均衡教育资源配置、提高信息化资源利用率以及增强社会支持力度等多方面的应对策略，可以有效应对这些挑战，推动初中教师专业化发展，提升教育质量，为实现教育现代化和教育强国目标奠定坚实基础。

第三节 初中教师专业化发展的未来展望

初中教师的专业化发展是提升教育质量、促进教育公平、实现教育现代化的重要环节。随着社会的发展和教育改革的深化，初中教师专业化发展面临新的机遇和挑战。展望未来，我们需要构建科学、系统、创新的教师专业化发展体系，以满足新时代的教育需求。本节将从制度建设、教师素养提升、资源配置、信息化建设和社会支持等方面探讨初中教师专业化发展的未来展望。

一、制度建设的未来展望

1. 完善教师培训制度

未来，应进一步完善教师培训制度，确保培训内容的科学性和系统性。培训制度应覆盖教师职业生涯的各个阶段，提供持续的专业发展支持。政府和教育部门应制定明确的培训标准和评估机制，确保培训效果。

2. 改革职称评定与晋升机制

职称评定和晋升机制的改革是促进教师专业化发展的重要途径。未来，应建立更加灵活和多元化的职称评定机制，鼓励教师在教学、科研、管理等方面全面发展。应突出对教师专业化发展的评价，激励教师不断提升自身素养。

3. 推动校本教研制度化

校本教研是提升教师专业水平的重要方式。未来，应推动校本教研的制度化和常态化，为教师提供更多的教研时间和资源支持。通过校本教研，教师可以在实践中不断反思和改进教学，提高专业能力。

二、教师素养提升的未来展望

1. 加强学科知识和教学技能培训

未来，应进一步加强教师在学科知识和教学技能方面的培训。通过引入国内外优质教育资源，组织学术研讨会和专业培训，帮助教师掌握最新的学科动态和教学方法，提升专业水平。

2. 提升教师的教育理念和职业道德

教师的教育理念和职业道德对其教学行为和学生发展具有重要影响。未来，应加强对教师现代教育理念和职业道德的培训和教育，帮助教师树立科学的教育观、学生观和职业观，增强职业责任感和使命感。

3. 培养教师的创新能力和信息素养

创新能力和信息素养是新时代教师的重要素质。未来，应通过创新教育培训和信息技术应用培训，培养教师的创新能力和信息素养，帮助教师适应信息化和智能化教育的发展需求。

三、资源配置的未来展望

1. 加大培训资源投入

未来，应加大对教师培训资源的投入，特别是对经济欠发达地区的支持力度。政府和教育部门应提供充足的培训经费，改善培训设施，确保每位教师都能享受到优质的培训资源。

2. 均衡教育资源配置

教育资源配置的均衡是实现教育公平的重要保障。未来，应通过合理配置教育资源，缩小城乡、区域间的教育差距。通过教育扶贫等措施，提升农村和边远地区教师的培训机会和资源，促进教育公平。

3. 推动优质教育资源共享

未来，应推动优质教育资源的共享，通过建立教育资源共享平台，实现教育资源的跨区域流动和共享。教师可以通过网络平台获取优质的教育资源，提升自身的专业水平。

四、信息化建设的未来展望

1. 推动信息化教学工具普及

信息化教学工具的普及是提升教师信息素养的重要途径。未来，应推动信息化教学工具的普及和应用，为教师提供更多的信息化教学支持。通过信息化教学工具，教师可以优化教学过程，提升教学效果。

2. 建设教育信息化平台

教育信息化平台是实现教育资源共享和教师网络研修的重要载体。未来，应建设和完善教育信息化平台，提供优质的在线课程和资源，为教师提供更多的学习和交流机会，提升教师的信息素养和专业水平。

3. 推广在线培训和网络研修

在线培训和网络研修是教师培训的重要形式。未来，应推广在线培训和网络研修，为教师提供灵活便捷的学习方式。通过在线培训和网络研修，教师可以自主选择学习内容，提升培训的针对性和实效性。

五、社会支持的未来展望

1. 提高教师待遇和社会地位

提高教师待遇和社会地位是增强教师职业认同感和专业化发展动力的重要手段。未来，应通过政策支持和社会宣传，提高教师的经济待遇和社会地位，增强教师的职业吸引力和荣誉感。

2. 增强社会对教师的支持力度

社会对教师的支持是推动教师专业化发展的重要力量。未来，应通过多种形式的关爱和支持，提升教师的职业幸福感和成就感。社会各界应加强对教师的关注和支持，共同推动教师专业化发展。

3. 推动家庭和社区参与教育

家庭和社区是教育的重要组成部分。未来，应推动家庭和社区参与教育，形成教育合力。通过家庭和社区的积极参与，可以为教师提供更多的支持和帮助，促进教师的专业化发展。

新时代初中教师专业化发展是提升教育质量、实现教育现代化的重要任务。通过完善制度建设、提升教师素养、合理配置资源、加强信息化建设和增强社会支持，可以有效应对未来教师专业化发展面临的挑战，推动教师专业化发展不断迈上新台阶。在未来的实践中，需不断总结经验，创新发展路径，提升教师的专业水平和教学能力，为实现教育现代化和教育强国目标奠定坚实基础。